키워드로
풀어가는
청년사역

청년 부흥의 다섯 가지 키워드
WEEPS

키워드로 풀어가는 청년사역

양형주 지음

Worship
Evangelism
Education
Prayer
Safety

홍성사

일러두기
이 책은 저자 양형주 목사가 2002년 초부터 2004년 말까지 3년간 사역한 천안중앙교회 청년공동체
의 실천보고와 2013년 시작된 대전도안교회 청년부 사역에 기초한 사역매뉴얼이다.

언택트 시대, 위프(WEEP)를 넘어 윕스(WEEPS)로

《키워드로 풀어가는 청년사역》을 낸 지 어느덧 15년이 지났다. 세월이 꽤 지났지만 이 책은 청년사역을 새롭게 시작하는 많은 사역자들과 리더들에게 길잡이 역할을 하며 꾸준히 사랑받았다. 이 책을 참고삼아 청년사역의 현장에서 분투하던 이들 중 상당수는 이미 담임목회자가 되었다. 얼마 전에도 한 목회자 콘퍼런스에서 전도유망한 젊은 목회자 한 분을 만났다. 서로 인사를 나누자《키워드로 풀어가는 청년사역》을 언급하며 본인이 처음 청년사역을 시작할 때 이 책을 보았고, 사역을 감당하며 많은 도움이 되었다고 고마워하는 이야기를 들었다. 감사했다.

이 책이 세월이 지나도 변함없이 사랑받았던 이유가 무엇일까? 그것은 단지 '우리는 이렇게 했다'는 식의 사역나열 보고서가 아니라, 청년사역의 근본적인 원리와, 원리에 입각한 실천을 함께 다루었기 때문일 것이다. 아는 것과 아는 것을 실행하는 것은 분명 다르다. 이

5

책에는 원리를 현장에 적용하는 과정 중에 겪었던 시행착오가 고스란히 녹아 있다.

《키워드로 풀어가는 청년사역》의 배경이 되었던 천안중앙교회 청년부를 떠난 지 10년 만에 다시 초대받아 방문한 적이 있다. 그곳에 갔던 나는 이 책 20쪽에 나온 위프(WEEP) 그림 액자가 그대로 걸려 있는 것을 보고 깜짝 놀랐다. 그래서 청년담당 사역자에게 '아직까지 위프를 붙들고 나아가느냐'고 물었더니 '그렇다'고 했다. 이들은 해마다 위프를 어떻게 보완하고 개선하여 적용할 수 있을지를 끊임없이 고민하고 있었다.

이는 이 책에서 제시하는 청년사역의 원리가 새롭게 부임한 다른 사역자에게 이질적인 것이 아닌, 보편적인 적용이 가능한 원리임을 보여준다. 이 책이 꾸준히 사랑받은 이유 중 하나가 청년사역의 보편적인 원리가 어떤 우선순위와 구체적인 실행방법을 갖고 적용되는가를 다루었기 때문이다. 이 책은 어떻게 지방 중소도시에서의 청년사역이 가능했는지에 대한 실제적인 적용보고서다. 막연히 아는 것과 실제로 적용하여 사역에서 열매를 맛보는 것은 정말 큰 차이가 있다.

청년사역을 꿈꾸는 사역자들이 청년사역을 처음 맡게 될 때는 의욕을 앞세운다. 모두 이상적인 사역을 꿈꾸며 시작한다. 그러나 현장에서 청년사역을 세워 가기 위한 실제적인 설계도면은 갖고 있지 않은 경우가 많다. 그러다 보니 많은 사역자들이 구체적인 각론으로 들어가면 당황한다. 사역자마다 정황은 독특한데 이에 적절하게 대처할 준비가 되어 있지 않은 경우가 많다. 예배는 어떻게 드려야 하며 어느 정도의 시간이 좋은지, 리더 훈련은 어떻게 실시하여야 하는지, 소그룹 모임은 어떻게 지도해야 하는지, 소그룹 성경공부를 위한 교재는 어떻게 선정할 것인지, 전체 조직과 행정을 어떻게 할 것인지, 임원들과는 어떤 관계를 유지하며 어떻게 지도할 것인지 등등. 이 모든 질문은 '청년사역'이라는 집을 지어갈 때 씨름해야 할 문제들이다. 이러한 문제 앞에 사역자가 미리 준비되어 있지 않으면, 다급한 마음으로 다른 교회에서 사용하던 자료들을 찾는다. 이런저런 자료를 구해 보지만 딱히 사용할 만한 자료를 구하기는 쉽지 않다. 이는 각 사역자가 섬기는 공동체의 상황이 저마다 다르기 때문이다.

요즈음 청년사역을 감당하려 할 때 사역자가 갖는 어려움은 크게 두 가지 정도로 요약할 수 있다.

첫째, 부족한 청년 유동성과 부족한 리더 자원이다. 청년 인구가 줄어드는 가운데, 기독 청년들이 줄어들고, 게다가 청년들의 삶이 각박하다 보니 교회의 리더로 섬길 이들이 부족하다. 특히 지방 교회의 열세는 더욱 심하다. 지방 교회 청년부의 경우 때가 되면 청년들은 직장을 찾아, 공부를 위해 서울 지역으로 떠나는 경우가 빈번하다. 오죽하면 '서울공화국'이라는 말까지 나왔을까? 상황이 이러다 보니 청년 공동체에 꿋꿋하게 머무르며 사역의 기둥이 되어야 할 리더가 갈수록 부족하다. 리더로 세울 만하면 떠난다.

둘째, 중소 교회의 문화적 취약성이다. 대형 교회 청년부가 시도하는 기독문화를 중소 교회 청년부나 특히 지방의 교회가 담아내기에는 어려움이 많다. 높은 수준의 기독문화를 청년들과 공유하여 많은 청년들을 그리스도께로 인도하고 싶지만 그러지 못하는 안타까움을 가질 때가 많다. 일단 인적 자원에서 차이가 난다. 따라서 대형 교회에서 펼치는 청년사역을 중소 교회가 따라갈 수 없다.

이러한 상황 가운데서 나는 중소 도시의 청년사역도 부흥의 역사가 일어날 수 있음을 목도하고 싶었고, 그 가능성을 확인하고 싶었다. 왜냐하면 부흥은 하나님께 속한 일이기 때문이다. 하나님이 하시고자 하면 가능하다. 우리가 하나님께서 원하시는 사역의 방향을 찾고 여기에 우리 상황에서 할 수 있는 모든 역량을 집중한다면 우리는 청년사역의 부흥을 맛볼 수 있을 것이다. 하지만 아무리 많은 자료가 있더라도 분명한 방향 없이 사용하면 산만하고 오히려 역효과를 초래한다. 그리고 이것은 공동체 전체의 시행착오로 연결된다. 속도보다 중요한 것이 방향이다. 마찬가지로 사역자는 자료에 목매기 전에 일단 사역의 방향을 설정하고, 어떠한 가치들을 먼저 붙잡아야 하는지 전체적인 안목을 갖는 것이 중요하다.

이 책은 중소 도시를 바탕으로 한 청년사역 매뉴얼이다. 지금까지 청년사역 매뉴얼이 대부분 서울의 대형 교회를 대상으로 한 내용이라는 점에 비해 이례적일 수 있다. 그러나 지방 교회나 서울에 있는 교회나 청년사역의 핵심은 같다고 생각한다. 나는 이 매뉴얼을 통해 어느 교회의 청년사역이든지 복음의 핵심을 붙잡고, 사역의 핵심을 붙들며 지속적으로 나아간다면 하나님께서 성장하게 하신다는 것을 말하고 싶다. 나 또한 이러한 원리를 지방 중소 도시의 청년사역에 적용하였고, 커다란 부흥을 맛보았다. 이 매뉴얼은 단순히 '우리가 이렇게 저렇게 했다'라고 말하는 실천보고서만은 아니다. 단순한 실습보고 이전에 '왜' 이런 실천이 필요한지 좀 더 근본적인 성경적 원리에 대한 고민이 담겨 있기 때문이다. 실천을 위한 분명한 근거와 원리를 가지면 실행력에 무게가 실린다. 이런 면에서 이 매뉴얼은 다양한 현장에서 청년의 영적 부흥을 일구기 위해 기도하며 땀 흘리는 많은 청년사역자들과 리더들에게 사역에 대한 이론적 확신과 그 실천에 도움을 줄 수 있을 것이라 기대한다.

이 책의 내용 중 일부는 시간이 지나면서 수정 보완할 필요가 있었다. 따라서 초판의 내용을 살리되, 시대에 뒤쳐진 것들은 수정하고, 새롭게 펼쳐지는 상황에 필요한 정보와 보완점들을 추가하였다. 감사한 것은 위프(WEEP)의 원리를 전면적으로 수정하기 위한 개정이라기보다, 도리어 예전에 이 책에서 주장했던 내용을 강화하는 긍정적인 변화들이 많다는 사실이다. 대표적인 것이 윌로우크릭 교회의 구도자 예배가 진지한 예배자 중심의 예배로 변환한 사례다. 또한 필자가 청년예배에 진지한 예전을 고려했던 원리는 이후 구도자 예배에 대한 반발로 미국에서 댄 킴벌(Dan Kimball) 등을 중심으로 새롭게 떠오른 이머징 교회(Emerging Church) 운동과도 맞닿아 있었다. 이렇게 볼 때 청년 사역의 핵심 원리로서의 위프(WEEP)는 계속해서 추구해야 할 사역의 원리임에 틀림없다.

추가적으로 이 책에는 2020년 상반기, 전 세계를 강타한 코로나19의 여파로 인한 비대면 사회에서의 청년사역의 변화를 다루었다. 예기치 못한 사이에 맞이한 코로나 사태는 청년사역이 상당 기간 불가능할 정도의 강력한 충격을 주었다. 누구도 경험해 보지 못했던 거대한 변화 앞에 교회의 가장 본질적인 부분인 날마다 함께 모이는 것 자체가 어려워졌다. 문제는 코로나의 영향력이 쉽게 끝날 것 같지 않다는 점이다. 이런 상황에서 이제는 청년사역에서 안전(safety)이 커다란 핵심가치로 부각되기 시작했다. 안전은 이제 청년사역에서 없어서는 안 될 필수불가결한 요소가 되었다. 그래서 나는 청년사역의 핵심가치에 안전(Safety)를 추가하여 위프(WEEP)를 윕스(WEEPS)로 보완하고, 어떻게 '윕스'의 핵심가치를 구현해 갈 수 있을까를 모색하였다. 안전의 핵심가치를 청년사역에 적용하는 현장은 현재 필자가 섬기는 대전도안교회 청년부가 바탕이 되었다. 이제는 위프만으로 안 된다. '윕스'를 추구해야 한다.

코로나 사태는 적어도 10년 정도의 기간을 두고 서서히 준비해야 할 비대면 시대의 청년사역을 갑자기 앞당기는 충격을 가져다주었다. 코로나가 진정된다 하더라도, 이미 우리 삶 구석구석 스며든 비대면 환경으로 인해 앞으로 비대면 청년사역의 필요성은 더욱 더 커질 것이고, 여러 변화를 초래할 것이다. 그럼에도 불구하고 여기서 언급하는 청년사역의 주요 원리는 변하지 않는다. 안전을 제대로 확보한다면, 비록 사역의 도구는 달라져도 그 핵심적인 원리는 도리어 더욱 집요하고 강력하게 추구할 필요가 있다.

초판이 나온 이후 15년간 나에게도 개인적으로 많은 변화가 있었다. 2천 명 넘는 초대형 청년사역의 디렉터를 역임하고, 이후 건강상의 이유로 사역을 쉬었다가 이단의 침투로 인해 청년부가 와해된 곳에서 새롭게 청년사역을 시작하였다. 그리고 새로운 교회를 개척하였다. 이런 다양한 현장을 경험하며 확신한 것은 위프의 사역원리는 여전히 유효하다는 것이다. 대전에서 새롭게 시작한 청년사역에 위프를 꾸준히 적용하면서 청년사역은 어느덧 수적으로도 30명을 돌파하고 100명을 넘어섰다. 그리고 계속해서 성장해 가고 있다. 더 나아가

이 원리는 장년사역에도 고스란히 적용된다. 내가 교회를 새롭게 개척하고 이 원리를 꾸준히 적용한 결과, 교회는 괄목할 만한 양적·질적 성장을 이루어 가고 있다. 코로나19로 인해 촉발된 비대면 시대를 맞이하여 이제는 웝스(WEEPS)를 지속적으로 추구하며 나아가고 있다.

건강한 청년사역의 원리를 붙드는 것은 중요하다. 하지만 청년사역의 현장은 각 교회마다 다르다. 그래서 이 책의 원리를 각 공동체에 창의적으로 적용하는 것은 청년사역자와 리더가 계속해서 고민하고 씨름하며 풀어가야 할 문제이다. 이 책이 청년부흥을 꿈꾸며 열심을 다해 달려가는 많은 이들에게 부족하나마 도움이 되기를 바란다.

2020년 10월

차례

1부
청년사역, 핵심을 붙잡으라

WEEPS

Worship

Evangelism

Education

Prayer

Safety

1.

위프(WEEP): 청년사역의 핵심가치

핵심을 붙잡아라

《좋은 기업을 넘어… 위대한 기업으로》를 쓴 짐 콜린스는 기업이 도약하기 위한 원리로서 '고슴도치 원리'를 제시한다.[1] 여우는 영리하고 약삭빠르다. 이런저런 잔꾀를 많이 낸다. 이와 반대로 고슴도치는 약삭빠르지 않다. 우직하다. 한 가지밖에 모른다. 이 둘이 싸움 붙으면 누가 이길까? 여우가 날쌔고 약삭빠르기 때문에 이길 것 같지만 결코 고슴도치를 당해내지 못한다고 한다. 고슴도치는 오직 하나, 빳빳한 침을 몸 밖으로 세워 자신을 보호하는 것밖에는 모른다. 그러나 고슴도치에게는 이것이 자신을 보호할 수 있는 가장 큰 장점이자 무기이다. 여우는 잔꾀가 많아 이렇게도 해보고 저렇게도 해보지만 고슴도치를 어떻게 해볼 수가 없다. 왜냐하면 고슴도치는 자신에게 제일 적합하고도 강력한 무기 한 가지에 집중하기 때문이다.

짐 콜린스는 무한경쟁 시대에 돌입하는 21세기에 기업 도약을 위해서는 문어발식 확장을 꾀할 것이 아니라, 가장 강점이 되는 분야를 집중적으로 육성해야 한다고 주장한다. 제너럴 일렉트릭(GE)의 경우가 그랬다. 잭 웰치(Jack Welch)는 제너럴 일렉트릭의 최고경영자로 임명되자 그동안 여러 가지로 벌여 놓았던 사업들을 과감하게 모두 정리하고 가장 잘할 수 있는 핵심 분야 열한 가지만 남겨 놓았다. 그리고 대대적인 구조조정을 감행했다. 결과는? 세계 초일류 기업으로 다시 태어났다.[2] 급변하는 시대일수록 요구되는 것이 단순함이다. 단순함은 시간이 갈수록 빛을 발한다. 오늘날 강력한 경쟁력으로 무장한 아마존, 애플, 구글, 이케아, 우버, 에어비앤비와 같은 세계적인 기업들도 깊이 파고 들어가면 결국 그 핵심은 단순함을 극대화한 데 있다.[3]

고슴도치 원리가 청년사역에 시사하는 바가 있다. 청년사역자가 처음 사역을 시작할 때 자칫 여러 가지 프로그램과 방법론에 현혹될 수 있다. 매년 얼마나 많은 세미나와 책들이 쏟아져 나오는가! 할 일은 많지만 정말 중요한 것과 중요하지 않은 것을 분별할 수 있어야 한다. 매년 쏟아져 나오는 방대한 자료와 사역 모두를 욕심낸다면 얼마 가지 않아 탈진할 것이다. 청년사역자가 사역에 임할 때 먼저 할 일은 가장 중요하고 핵심적인 사역의 가치들을 분별하고 여기에 사역자의 역량을 집중적으로 쏟아붓는 것이다.

청년공동체를 맡으면서 나는 앞으로 청년사역에서 붙잡아야 할 가장 중요한 요소가 무엇일까를 곰곰이 생각해 보았다. 해야 할 일은 많지만, 이것저것 모두 신경 쓰는 것보다 정말 중요한 몇 가지에 집중하는 것이 훨씬 더 효과적이라고 여겼기 때문이다. 무엇을 최고의 가치로 둘 것인가? 분명한 핵심가치가 없으면 다른 사람들이 이런 것이 좋더라 하면 이쪽으로, 저런 것이 좋더라 하면 저쪽으로 기웃거릴 수 있다. 그야말로 사역의 방향을 잃고 중구난방 헤매기 십상인 것이다.

청년사역에서 무엇이 정말 중요한 것인지 숙고하며 기도하던 중 예배(Worship), 전도(Evangelism), 양육(Education), 기도(Prayer), 이 네 가지 요소를 핵심가치라고 보았고 이 네 가지를 앞으로의 청년사역에서 우선순위로 두기로 하였다.

이 네 가지 요소를 청년 모두가 공감하고 기억하기 쉽게 표현하는 키워드를 만들어야겠다고 생각했다. 우선 청년사역의 핵심가치를 나타내는 영어 단어들을 차례로 배열했다. 그리고 각각의 첫 시작 글자를 붙여 보았다. 이렇게 해서 만들어진 용어가 '위프'(WEEP)이다.

Worship   [예배] → 감격과 치유와 회복이 있는 예배

Evangelism   [전도] → 삶의 현장으로 나아가는 복음 증거

Education   [양육] → 청년 리더로 자라가기 위한 양육

Prayer   [기도] → 깊이 있는 기도

'위프'(WEEP)는 '울다'라는 의미를 가진 단어이다. 단순히 우는 것이 아니라 '눈물을 흘리며 애통해하는 것'을 의미한다.[4] 이 WEEP를 중심으로 청년사역의 정체성을 '이 세대를 향한 아버지 하나님의 마음을 품고 애통해하며 눈물의 씨앗을 뿌리며 나아가는 청년'으로 규정했다. 그래서 사역 초기에 이렇게 기도했다. '하나님, 우리 공동체

에 눈물을 주십시오. 애통해하며 주님의 마음을 헤아리며 울 수 있는 눈물을 주십시오!' 하나님께서는 이 기도에 신실하게 응답하셔서 지난 날 동안 우리 공동체에 참 많은 눈물을 주셨다.

천안중앙교회 사역 당시 만든 WEEP 앰블럼

핵심의 핵

청년사역의 네 가지 핵심가치는 사역의 플라이휠과 같다. 플라이휠이란 회전에너지를 저장하는 데 사용하는 거대한 원판 바퀴 모양의 장치다. 산업용 플라이휠의 경우 크기도 지름 10미터에 이르고, 무게가 2톤에 이를 정도로 거대하다. 이 거대한 바퀴 장치를 돌리려면 처음에는 많은 에너지가 들어간다. 그러나 계속 돌리다 보면 어느 순간 에너지가 축적되어 점점 빠르게 돌아가고, 나중에는 큰 힘을 들이지 않고도 계속해서 돌아가는 것을 볼 수 있다.

나에게 'WEEP'는 청년사역의 플라이휠과 같았다. 그동안 시도했던 여러 다양한 사역들은 결국 이 네 가지 핵심가치로 수렴되었고,

이 네 가지 가치에 집중하여 부지런히 돌리다 보니 공동체의 큰 부흥을 경험할 수 있었다.

네 가지 핵심가치를 동시에 추구한다고 할 때 다소 부담스럽게 느껴질 수 있다. 생각해 보라. 예배, 전도, 양육, 기도 어느 하나도 중요하지 않은 것이 없다. 그렇다고 네 가지 핵심가치를 동시에 추구하다 보면 교역자의 역량이 분산될 수 있다. 모든 분야에 에너지를 동일하게 쏟아붓기에는 한계가 있다.

청년사역을 하면서 경험한 것은 이 네 가지 핵심가치들이 각각 독립적인 요소가 아니라는 것이다. 되돌아보건대 우리가 추구한 각각의 가치들은 유기적으로 서로 연결되어 있었다. 하나라도 제대로 붙잡으면 다른 것들과 긴밀하게 연결된다. 그렇다면 고민이 시작된다. 무엇을 먼저 붙잡아야 할까? 어떠한 요소를 사역의 최우선순위에 두어야 할까? 정말 중요한 하나를 붙잡으면 나머지 요소들과 자연스럽게 연결될 수 있을 것이기에, 가장 영향력이 큰 요소를 붙잡는 것이 중요하다. 내가 보기에 그것은 '예배'였다.

청년사역에서 예배는 고구마줄기와도 같다. 고구마줄기를 뽑으면 어떻게 되는가? 뿌리 밑 부분이 한꺼번에 딸려 나온다. 되돌아볼 때 청년사역의 모든 동력은 예배에서 시작되었다고 감히 말할 수 있다. 예배는 모든 사역에 생명력을 공급해 주는 피와도 같다. 예배에 집중하자 여기서부터 전도가 일어났고, 양육의 필요가 나왔다. 그리고 기도에 불이 붙었다. 예배는 청년사역에서 추구했던 핵심가치들의 근본이다. 예배가 살아날 때 전도가 살아나고, 전도가 살아나면 양육이 살아난다. 그리고 기도가 불같이 일어난다.

1. 위프(WEEP): 청년사역의 핵심가치

우리 청년공동체가 품었던 가치들은 겉보기에 너무나도 상식적이고 단순한 내용일 수 있다. 이것들은 여러 교회의 청년공동체에서도 강조하는 내용이기도 하다. 그러나 이 가치들을 공동체 안에서 어떻게 구현하느냐는 또 다른 문제다. 우리의 경우, 핵심가치들이 공동체 안에 뿌리내리도록 계속적으로 노력하며 실행하였을 때 성장하였고, 하나님의 은혜가 공동체를 변화시킴을 경험하였다.

2.

예배(Worship): 고구마줄기

예배는 예수 그리스도를 주로 고백하는 모든 성도가 추구하여야 할 최고의 가치요, 궁극적인 가치이다. 요한계시록을 보면 성도들이 주님 앞에 섰을 때 일어날 장엄한 예배의 장면이 계속 펼쳐지고 있다. 각 나라와 족속과 백성이 각 방언으로 하나님의 보좌 앞에 서서 예배 드린다. 밤낮으로 찬송하며 벅찬 감동을 선포한다. "죽임을 당하신 어린 양은 능력과 부와 지혜와 힘과 존귀와 영광과 찬송을 받으시기에 합당하도다"(계 5:12). 상상만 해도 가슴 벅차지 않은가?

자비로우신 하나님께서는 우리가 장차 천국에서 맛볼 궁극적 예배의 감격과 은혜를 이 땅에서 미리 맛보게 하셨다. 예배는 성도가 이 땅에서 할 수 있는 가장 가치 있는 행위이다. 예배를 뜻하는 영어 단어 워십(Worship)도 '가치'를 뜻하는 'Worth'와 상태, 성질, 기능 등을 설명할 때 쓰이는 'Ship'이 만나서 이루어졌다. 하나님께 드리는 가장 가치 있는 것이 바로 예배인 것이다. 따라서 예배는 모든 사역에서 최우선순위가 되어야 한다. 예배를 통하여 하나님과의 관계가 회복된다. 깨어졌던 인간관계가 회복된다. 죄를 회개하며 치유가 일어난다. 비전을 발견하고 성장한다. 그리고 다른 사역들을 감당할 수 있는 동기가 부여되고 원동력이 생긴다.

하나님께서 지난 세월 동안 청년 공동체에 부어 주신 예배의 은혜는 말할 수 없이 크다. 한 주도 눈물의 감격 없이 지나간 적이 없을 정도였다. 예배마다 매번 주님의 영광을 목도하는 은혜를 주셨고, 공동체 모두가 전율하듯 역사하시는 하나님의 성령의 권능 앞에 전심으로 나아가는 은혜를 주셨다.

이러한 역동적인 예배는 청년사역에 고구마줄기와 같은 역할을 하였다. 고구마줄기를 잡고 뽑으면 뿌리 밑 부분이 한꺼번에 딸려 나온다. 마찬가지로 예배의 부흥으로부터 청년사역의 각 부분이 살아남을 경험하였다.

지금은 청년예배 분위기가 어느 정도 무르익고 안정되었다. 형식적 틀도 정착되어 진행이 자연스럽다. 그러나 처음부터 지금과 같은 안정된 예배를 드릴 수 있었던 것은 아니었다. 성령의 역사하심과 인도하심 속에서 지속적인 예배 점검과 개선을 위한 작업들을 해왔기에 가능한 것이었다.

우리가 추구하는 예배는

우리 공동체는 어떤 예배를 추구하였는가? 처음부터 방향을 분명히 정하고 나아갔던 것은 아니다. 그러나 매주 계속해서 예배를 준비하며 또 예배 가운데 부어 주시는 은혜를 경험하는 가운데 우리가 하나님께 드렸던 예배가 어떠했는지를 정리하며 방향을 잡을 수 있었다.

우리의 예배는 콘서트가 아니었다

한 가지 분명한 점은 우리의 예배는 단순한 콘서트가 아니었다는 것이다. 콘서트에 온 관객은 어떻게 하는가? 단순히 수동적으로 눈앞에 펼쳐지는 공연을 감상하기만 하면 된다. 콘서트 같은 예배는 소수의 사람들이 예배를 준비하고 전체 회중은 수동적으로 참관하면 된다. 개개인이 하나님 앞에 반응할 여유는 별로 없다. 기도는 대표기도자가 대신한다. 예배에 참여하는 대다수의 회중들은 단지 눈만 감고 있으면 된다. 찬양도 힘들게 많이 부를 필요가 없다. 다른 사람들이 열심히 준비한 찬양을 부르면 가만히 앉아 듣고 있기만 하면 된다.

한동안 한국 교회에서 '열린예배'의 기치를 걸고 드라마와 영상을 활용하고자 하는 움직임이 활발하였다. '열린예배'라는 용어는 우리나라에만 있는 독특한 용어이다. 원래 열린예배는 미국의 몇몇 교회에서 주도하는 '구도자에게 민감한 예배'(Seeker's Sensitive Service)를 우리말로 표현한 것이다. 불신자도 와서 참여할 수 있도록 고안한, 불신자에게 '열려 있는 예배'라는 의미이다.[1] 열린예배의 시도는 긍정적인 면도 있겠으나, 자칫 예배가 공연으로, 교회가 공연장으로 변할 위험이 있다.

이러한 구도자 예배의 흐름은 윌로우크릭 교회나 새들백 교회 사역이 국내에 소개되면서 점차 알려지게 되었다. 일전에 시카고에 있으면서 시카고 근교 배링턴에 위치한 윌로우크릭 교회에 갈 기회가 종종 있었다. 윌로우크릭 교회의 구도자 예배는 실로 감탄을 자아낼 정도로 훌륭하게 기획되었다. 나는 윌로우크릭의 구도자 예배에 반해 한동안 그 예배를 드리러 다녔다. 아니 구경하러 갔다는 표현이 정확할 것이다. 은혜 받았다는 느낌, 하나님을 만나고 왔다는 느낌은 그다지 들지 않았기 때문이다.

그러던 중 한 번은 윌로우크릭 교회의 젊은이 예배인 '액시스'(Axis)를 경험할 기회가 있었다. 여기는 윌로우크릭의 성인 예배(구도자 예배)와는 전혀 다른 분위기였다. 일단 찬양의 분위기가 달랐다. 강력한 하드락 사운드에 하나님을 찬양하는 젊은이들의 열기가 가득했다. 함께 모여 자리에서 일어나 발을 구르고 손뼉을 치며 쉬지 않고 하나님을 찬양하는 그 모습에 깜짝 놀랐다. 드라마도 영상도 없었다. 순서는 단순했다. 열심히 찬양하고 그다음에는 말씀을 듣는다. 그러고는 다시 열심히 찬양하고 기도하고 마친다. 성인 구도자 예배에서 종종 받았던 멋진 관람에 초대된 점잖은 관객 같은 느낌이 전혀 들지 않았다. 젊은이들의 뜨거운 열기에 빨려들었다. 윌로우크릭의 젊은이 예배는 회중이 함께 참여하여 하나님께 나아가는 예배였다.

구도자에게 민감한 윌로우크릭 교회에서 왜 젊은이들을 위해 이러한 예배를 마련하였을까? 이는 젊은 세대가 가만히 앉아서 공연을 관람하고 수동적으로 반응하기보다는 직접 참여하여 경험하고 반응하는 것을 좋아하는 성향이 있음을 파악했기 때문이다. 윌로우크릭 교회에서는 구도자 예배가 베이비부머 세대까지만 적합한 예배라고 결론짓는 것 같다.

'빈티지 패션' 혹은 '빈티지 룩'이란 말이 있다. 빈티지(vintage)라는 단어는 '시대에 뒤떨어진', '낡은', '오래된' 등의 의미를 가지고 있다. 젊은이들이 이미 오래되어 시대에 뒤떨어져 보이는 옷을 입고 다니는 것이다. 젊은 세대가 옛 세대의 패션을 거부할 것 같은데, 오히려 자유롭게 자신만의 스타일로 만들어 입고 다니는 것이다. 젊은 세대가 항상 오래된 것을 진부하다고 거부하는 것은 아니다. 오히려 옛것에 대한 향수 비슷한 것이 있다. 그래서 빈티지 패션이 유행하는 것이다.

미국에도 이런 빈티지 스타일의 예배를 시도하는 교회들이 늘고 있다.[2] 이는 미국에서 한동안 신선한 반향을 일으켰던 구도자 예배에 대한 대안으로 일어나고 있는 예배이기도 하다. 미국 베이비부머 세대에게는 신선하게 다가왔던 열린예배가 젊은 세대들에게는 또다른 관습적 패턴으로 보이고 있다. 그래서 시도하는 것이 예전 회복, 원색적인 복음을 특색으로 하는 빈티지 스타일의 예배이다. 그렇다고 전통적인 예배를 그대로 답습하는 것은 아니다. 자유롭고 개방적인 틀 안에서 전통적인 예식과 찬양을 도입한다. 그리고 젊은이들이 예배에 적극적으로 참여하여 하나님의 임재를 경험하도록 영혼을 깨운다.

놀라운 것은 구도자 예배를 선도했던 윌로우크릭 교회마저 이런 방향으로 전환하여 하나님의 임재를 경험하는 뜨거운 예배를 추구하기 시작했다는 사실이다. 윌로우크릭 교회는 2004년부터 2007년까지 3년에 걸친 광범위한 설문조사 결과 그동안 자랑스럽게 여겨왔던 '구도자에게 민감한 예배'가 도리어 내부의 구성원들에는 답답함을 초래한다는 사실을 발견했다.[3] 윌로우크릭 교회는 그동안 구도자 중심

예배로 성장해 왔지만, 동시에 어느 정도 교회에서 신앙생활을 하던 이들은 교회를 떠나는 일들이 빈번하게 발생하였다. 설문조사 결과, 교인 중 무려 25퍼센트에 이르는 성도들이 교회를 떠날 것을 고민하고 있었다. 이들은 자신의 영적 성장이 정체되어 있다고 느꼈고, 교회가 초신자에게만 집중하다 보니 영적 성장에 더 이상 도움을 받을 수 없음을 힘들어했다. 이후 윌로우크릭 교회는 그동안 해왔던 구도자에게 민감한 접근들을 과감히 포기했다. 그 대신 더욱 진지하고 뜨거운 찬양과 예배를 추구하기 시작했다.

되돌아볼 때 우리의 청년예배는 결코 콘서트 같은 예배가 아니었다. 회중이 적극적으로 하나님께 반응하며 나아가도록 하는 예배였다. 회중은 결코 수동적으로 참여하지 않았다. 예배 가운데 특히 청년들이 열렬히 반응하는 시간은 말씀 선포 후의 기도와 찬양 시간이다. 말씀을 선포한 후에 설교자의 인도로 메시지와 연관된 찬양을 함께 부른다. 그리고 설교자가 간단한 초청과 도전으로 청년들을 하나님의 말씀 앞에 서도록 인도한다. 그리고 하나님 앞에 반응하도록 자연스럽게 기도로 이끈다. 이때쯤이면 선포한 말씀 가운데, 찬양 가운데, 설교 후의 도전 가운데, 그리고 기도 가운데 청년들은 하나님의 임재 앞에 선다. 예배 인도자는 이 시간에 성령께서 예배를 주도적으로 이끄실 수 있도록 민감하게 반응하려고 노력한다. 이때는 키보드 외에 다른 악기는 연주하지 않는다. 각종 악기를 연주하기 위해 다시 움직이게 되면 깊이 기도하는 데 방해되기 때문이다. 너무 많은 악기 소리는 오히려 산만하게 작용할 수 있다. 찬양팀원들도 함께 말씀에 반응하며 기도할 시간이 있어야 하기에, 기도로 하나님의 임재 앞에 서서 반응하도록 초청한다. 때로는 침묵 가운데 깊은 기도로 나아간다. 때로는 우레와 같은 통성기도로 나아가기도 한다. 이때 성령님께서는 한 사람 한 사람을 만나 주시고 변화시키신다. 예배 가운데 가득한 성령의 임재를 경험한다. 성령께서 강하게 역사하실 때 우리는 우리에게 주신 은혜를 단지 받는 것으로만 만족하고 끝내려 하지 않는다. 모두 함께 일어서서 하나님께 두 손을 들고 찬양한다. 영광을 돌려드린다. 그리고 온통 하나님께 깊이 빠져 들어간다. 그분만을 높인다. 그분만을 경배한다. "위대하신 주 찬양해 위대하신 주 모두 알게 되리라 위대하신 주~ ♪" 이때 자기 문제에 집중되었던 우리의 시선이 이제는 오로지 하나님 그분께만 집중된다. 하나님만 바라보며 그분께 우리의 온 마음을 집중하며 경배하는 동안 우리의 마음에 감격이 온다. 하나님은 이 시간을 통해 우리의 예배를 참 기쁘게 받으시는 것 같다.

이러한 예배를 드리며 우리는 예배에서 중요한 두 가지 요소를 발견하였고 이 요소를 지속적으로 추구하며 발전시켜 왔다. 그것은 만남으로서의 예배와 드림으로서의 예배다.

만남으로서의 예배

멋진 만남은 사람을 설레게 한다. 마찬가지로 멋진 예배는 예배자를 설레게 한다. 기대감을 갖고 나아가게 한다. 예배에는 무엇보다 하나님과의 만남이 있어야 한다. 만남이 있어야 반응이 있다. 하나님이 오늘 예배 때 우리에게 어떤 은혜를 주실까? 오늘은 우리를 어떻게 만나 주실까? 어떻게 우리 공동체 가운데 역사하실까? 공동체의 예배 가운데 하나님의 강력한 임재를 경험하면서 예배를 사모하는 지체들이 점점 늘어났다.

예배 때 하나님과의 만남이 없으면 아무리 열린예배라도 실은 닫힌 예배가 되고, 습관적으로 참여하는 예배는 지루하기 십상이다. 룻기 1장에 보면 유다 베들레헴에 살던 나오미와 그 남편과 두 아들이 그 땅을 떠나 이방의 모압 땅으로 이주하는 장면이 나온다. 이들은 하나님의 백성으로서 하나님께서 허락하신 약속의 땅에서 살고 있었다. 그런데 갑자기 이들이 약속의 땅을 버리고 이방 땅으로 이주한 이유는 무엇일까? 그것은 베들레헴에 흉년이 들었기 때문이다. 베들레헴은 히브리어로 '빵집'이란 뜻이다. 그들은 왜 빵집을 떠났는가? 간단하다. 빵집에 빵이 없었기 때문이다. 사람들은 왜 교회를 떠나는가? 교회에 빵이 없기 때문이다.[4] 성경에서 빵은 하나님의 임재를 상징한다. 구약시대에는 성소에 진설병을 차려 놓았다. 진설병은 영어로 '임재의 빵'(the bread of Presence)이다(민 4:7, NRSV). 신약에서 빵은 주님의 몸을 상징한다(고전 11:23-26). 교회에 빵이 없다는 것은 교회에서 행하는 예배 가운데 하나님의 임재 경험이 없다는 것을 의미한다. 풍성한 영의 양식이 있다는 소문은 있으나, 막상 와 보니 빵 부스러기만 있는 것이다. 이때 성도들은 예배를 통해 하나님을 만난다는 기대감이 사그라든다. 심령은 냉랭해진다. 예배 가운데 만남이 없기에 하나님을 향한 반응도 사라진다.

그러나 성령의 강력한 임재가 있는 예배를 통해 하나님과 깊은 만남을 맛본 사람들은 반응을 한다. 하나님을 경험하고 반응한 청년은 얼굴 표정부터가 다르다. 얼굴에 기쁨이 가득하다. 하나님의 임재 앞에 내면의 무질서와 혼돈스러움이 회복되고 정돈된다. 태초에 하나님이 혼란하고 어둡던 세상을 향해 "빛이 있으라"고 말씀하셨다(창 1:3). 그리고 말씀대로 온 세상이 밝아졌다. 오늘도 이러한 새 창조의 역사가 예배 가운데 일어난다. 억눌리고 혼돈 가운데 있던 지체들이 "그리스도 안에서 새로운 피조물"(고후 5:18)로 거듭난다. 살아난다. 참 평안을 경험한다.

예배의 축도를 마치면 나는 출입구에 먼저 나와 청년들과 인사하려고 기다린다. 이때 공동체의 회원과 회원이 아닌 사람을 구분할 수 있다. 외부에서 잠깐 방문한 사람이거나, 등록하지 않은 이는 예배 후에 눈을 마주치지 않으려고 고개를 숙인 채 얼른 나간다. 그러나 우리 지체들은 시간이 좀 지나서야 나온다. 그것도 천천히 나온다. 예배 시간 내내 하나님의 임재 앞에 마음을 쏟아놓으며 감격의 눈물을 흘렸던 것을 수습하고 진정시키다 보면 시간이 걸리기 때문이다. 이렇게 나오는 공동체의 지체들은 서로를 향하여 천사 같은 얼굴로 인사하며 반긴다.

이러한 성령의 임재 가운데 일어나는 하나님과의 만남 동안 어떤 일들이 일어날까? 먼저 하나님의 거룩하심 앞에서 나의 연약함을 깨닫게 된다. 그리고 죄와 직면하게 된다. 자신의 죄를 아파하며 회개한다. '이제 이래서는 안 돼!' 하며 죄로부터 단호히 돌이킬 것을 결단한다. 그리고 깨어졌던 하나님과의 관계가 회복된다. 하나님과의 만남 가운데 소망과 새 힘을 얻는다. 사방이 무너지는 상황에서도 힘차게 앞으로 나아갈 힘을 얻는다. 기쁨을 얻는다.

이런 만남 가운데 하나님께서는 아버지의 마음을 그 자녀에게 보여 주신다. '아직 절망하지 마라! 내가 너를 붙잡고 있다.' '불안해하지 마라. 내가 너를 지명하여 불렀나니 너는 내 것이다.' '너는 내 아들이다, 내 딸이다, 너를 사랑한다!' 이러한 하나님의 임재 앞에 청년들은 통곡한다. 이렇게까지 붙잡아 주심을 경험하며 전율한다. 그리고 이제는 더 이상 나만을 위해 살 것이 아니라 하나님의 영광을 위해 살겠다고 헌신한다. 그리고 열방을 향한 하나님 아버지의 마음을 품는다.

드림으로서의 예배

믿지 않는 사람의 관점에서 볼 때 예배는 시간 낭비다. 교회 밖에 나가면 재미있는 것이 얼마나 많은데 교회에 머무는가? 그러나 예배는 시간을 낭비하는 것이다. 역설처럼 들리는가? 마리아가 옥합을 깨뜨려 주님께 향유를 부어 드렸듯이(막 14:3-9), 내 시간을 깨어 주님께 붓는 것이다. 왜 마리아가 그 비싼 향유 옥합을 깨어 드렸을까? 주님을 위해 무엇인가 소중한 것을 드리고 싶은데 그가 드릴 수 있는 가장 귀한 것이 바로 향유였기 때문이다. 나드 한 옥합은 300데나리온이나 하는 값비싼 것이다. 300데나리온은 당시 노동자의 일 년 품삯에 해당한다. 오늘날로 말하자면 수천만 원이 될 것이다. 그러나 주님을 사랑하기에 주저함 없이 드릴 수 있었다.

청년들은 자기 시간을 자신을 위해 사용하고 싶어 한다. 다른 사람을 위해 사용하는 것에 몹시 인색하고 아까워한다. 갈수록 바빠지는 요즈음은 더욱 그렇다. 일분일초라도 자신이 원하는 것을 하고 싶어 한다. 자신만을 위한 시간을 갖고 자기를 계발하고 싶은 욕구가 강하다.

그러나 청년들에게 사랑하는 사람이 생기면 상황이 달라진다. 사랑하는 사람과 함께 있으면 그 어떤 생산적인 일을 하지 않아도 그저 가만히 있는 것만으로도 좋다. 청년에게 아무 일도 하지 않고 단지 가만히 있어 보라고 하라. 지루해서 못 견딜 것이다. 시간이 아깝다고 난리칠 것이다. 그러나 연애에는 이러한 시간 낭비가 다반사로 일어난다. 그를 향해, 그녀를 향해 내 시간을 기꺼이 기쁘게 낭비할 수 있다. 전혀 지루하지도 않다. 아무것도 하지 않고, 그저 서로가 함께하는 것만으로도 즐겁다. 왜? 사랑하는 사람의 존재 자체가 자신의 큰 기쁨이 되기 때문이다. 사랑하는 사람 앞에는 물질도 시간도 마음도 기꺼이 내어 줄 수 있다.

예배는 사랑하는 하나님을 향해 드리는 고귀한 시간 낭비이다. 고귀한 물질 낭비이다. 자신의 마음을 내어 드리는 아름다운 행위이다. 그뿐만 아니다. 주님을 향하여 내 마음 깊은 고백을 드리는 행위이다. 고백에 곡조를 실어 찬양을 드리기도 한다. 즉, 예배는 우리의 모든 것을 주님께 기쁘게 내어 드리는 것이다. '주님 내가 여기 있습니다. 나를 받으옵소서!' 감격으로 고백하는 것이다.

우리가 이왕 주님께 드릴 것이면 인색하게 드릴 것이 아니라 후하게 드려야 한다. 처음 청년사역자로 부임해서 예배를 드릴 때, 청년예배에는 시간에 관한 불문율 비슷한 것이 있었다. 그것은 예배는 정해진 시간 안에 끝내야 한다는 것이다. 부임하기 전, 청년예배는 보통 한 시간에서 한 시간 10분 안에 마쳤다. 청년들은 예배 시간이 이 이상 넘어가면 안 되는 것으로 생각하였다. 아무리 길어도 예배는 2시 30분에 시작해서 3시 30-40분 안에 끝나는 것이 당연하다고 생각했다. 그런데 예배 가운데 성령의 임재하심이 강력하게 임할수록 예배 시간이 점점 길어지기 시작했다. 예배가 점점 길어져서 얼마 되지 않아 4시를 넘기며 끝났다. 여기저기서 예배 시간이 너무 길다는 불평이 들렸다. 그래서 다시 시간을 줄여 보았다. 그러나 성령의 임재를 제한된 시간에 두려는 것이 쉽지 않았다. 다시 시간이 늘어났다. 이렇게 예배 시간이 늘어났다 줄어들었다 반복하면서 이제는 두 시간을 훌쩍 넘어도 청년들은 예전처럼 시간이 길다고 불평하지 않는다. 오히려 주님을 만난 감격과 받은 은혜를 감사하며 행복해한다.

설교의 경우도 그렇다. 전에는 20여 분간 선포했었다. 25분이 지나면 모두 몸을 비튼다. 그런데 설교 시간이 늘어났다. 처음에는 청년들이 당황하며 임원들 사이에서 설교가 너무 길지 않은가 하는 조심스러운 건의가 나오기도 하였다. 이제는 40분이 넘는 설교를 종종 하더라도 청년들 가운데 큰 불평이 없다. 때로는 한 시간이 넘게 설교한 적도 있다. 이것은 우리 청년예배에서는 놀라운 변화였다. 청년들이 주님께 시간을 드리는 것에 인색하지 않게 된 것이다.

역설적이게도 예배 시간이 길어지면 오히려 다들 흩어져 도망갈 것 같은데, 청년들이 예배 가운데 점점 많은 시간과 마음을 드리면서 공동체는 오히려 성장하였다. 그리고 이러한 성장과 함께 물질적인 드림도 늘었다. 물질이 가는 곳에 마음이 간다(마 6:21). 재정 역시 두 배, 세 배 이상으로 늘어났다. 그리고 청년들 사이에서 나의 인생을 하나님께 어떻게 드릴까 하는 진지한 고민들이 시작되었다.

우리가 하나님께 즐거이 드리기 시작할 때 하나님께서 우리 삶을 다스리신다. 온전한 드림은 우리를 여호와 하나님의 다스림 아래로 가져가는 것을 의미한다. 나의 학업을, 직장을, 나의 재정을, 나의 장래를 하나님께 온전히 드릴 때, 하나님께서 우리 삶의 전 영역을 다스리시는 것이다. 하나님의 다스리심이 우리 가운데 시작될 때, 우리의 삶은 기쁨과 소망으로 가득 차게 된다.

우리는 이렇게 예배드린다

예배 형식은 예배를 담는 그릇이다. 어떤 그릇으로 예배를 담아 내느냐는 중요하다. 이미 예배 형식이 다듬어지고 안정된 타 교회 청년부의 경우, 예배의 형식은 그다지 큰 문제가 되지 않을 것이다. 형식에 대한 그다지 큰 고민을 하지 않아도 된다. 그러나 우리는 계속 예배 형식에 대해 고민했다. 처음부터 지금과 같은 형식의 예배를 드렸던 것은 아니다. 끊임없이 하나님의 임재하심을 경험하는 예배가 되기 위해, 성령께서 역사하시기에 편안한 예배가 되기 위해 계속해서 예배에 대해 점검하며 개선해 왔다. 그리고 이제는 어느 정도 안정적으로 자리 잡게 되었다.

기존의 예배

처음 부임했을 때 청년 대학부 예배는 다음과 같은 순서에 따라 드렸다.

1. 찬양과 경배
2. 대표기도
3. 설교자의 성경봉독과 설교 및 기도

4. 광고

5. 축도

　아마도 당시 우리나라에서 한창 유행하던 열린예배의 붐을 타서 예전(禮典)을 축소하여 만든 전형적인 열린예배 형식 같다. 열린예배는 심플하고 복잡한 것을 싫어하는 젊은이들을 위해 고안되었다. 신앙생활을 하지 않는 청년들을 교회로 처음 인도했을 상황을 전제할 때 열린예배는 어느 정도 설득력이 있다. 예를 들어 철수라는 불신자가 있다고 하자. 철수가 처음 친구 손을 잡고 교회에 왔는데 너무도 어색한 일들이 일어난다. 모르는 찬송가를 부른다. 가요와 팝송에 길들여졌던 철수에게는 너무도 따분하고 단순한 찬양이다. 사도신경과 주기도문을 다들 눈감고 열심히 외우는데 혼자 당황한다. 영문도 모르는 채 예배 도중에 일어섰다 앉았다를 반복한다. 얼마나 당황스럽겠는가?

　그래서 열린예배는 기존의 복잡한 예전을 생략한다. 주기도문도 사도신경도 생략한다. 찬양도 찬송가를 배제하고 젊은이 감각에 맞는 CCM을 중심으로 부른다. 불신자 철수는 처음 와서 그다지 당황하지 않는다. 익숙한 감각의 노래(CCM)를 듣다가 때로는 함께 흥얼거린다. 흥이 나면 좀 따라 부른다. 곧 누군가가 나와서 대표로 대신 기도한다. 곧이어 설교자가 나와서 하나님 말씀을 전해 준다. 그리고 설교 후 마무리 기도까지 해준다. 일어섰다 앉았다를 반복할 필요도 없다. 처음부터 끝까지 편안히 앉아 있다가 때로는 좀 졸기도 하다 보면 어느덧 광고를 마치고 축도를 받는다. 이런 관점에서 보면 열린예배의 단순한 형식은 교회에 처음 나가는 젊은이들에게 그다지 당황하게 하지 않는, 어느 정도 호감을 주는 예배 형식일 수 있다.

그렇다면 젊은이 예배에 예전적 요소는 필요 없는 것일까?

전통을 가미한 예전(禮典)도 중요하다[5]

나는 전통의 예전적 요소가 갖고 있는 강점이 상당히 크다고 생각한다. 예전 하나하나에 수백 년, 수천 년간 축적되어 온 신앙공동체의 경험과 신앙이 농축되어 표현되고 있다. 하나님을 경외하는 정신이 깃들어 있다.

해마다 프랑스 한 시골 마을에 있는 떼제공동체에 수많은 젊은이들이 몰린다. 떼제에서 예배를 드리노라면 자유로움 가운데서도 경건한 분위기와 함께 예전적 요소들을 감지한다. 예배 전에 수사가 들어와서 촛불을 켠다. 수사들이 들어와서 앉으면, 말씀봉독과 침묵기도와 함께 찬양하는 시간이 있다. 찬양도 CCM과 같은 분위기라기보다는 오히려 찬송가에 가까운 단순한 멜로디와 4부 성부의 곡들을 부른다. 익숙한 사람들은 각자 익혔던 4부 성부 중 한 화음으로 찬양한다. 자유로움 가운데 예전이 녹아 있는 예배를 드린다. 젊은이들이 많이 온다고 젊은 감각을 겨냥하여 드럼이나 전자악기를 사용하지 않는다. 오르간, 클래식 기타, 플루트, 바이올린과 같은 전통적인 악기를 사용한다. 그런데도 유럽의 수많은 젊은이들이 떼제에 열광한다. 왜 그럴까? 거룩하고 순수한 무엇인가를 떼제의 예배 가운데 맛보기 때문이다.

예전에 성령의 임재하심이 있으면 그 예전은 젊은이들을 하나님께로 향하게 하는 훌륭한 도구가 된다. 젊은이들은 결코 예전을 지루해하거나 싫어하지 않는다. 단지 성령의 임재가 빠진 빈껍데기 같은 형식만 남은 예전, 예전을 위한 예전을 거부할 뿐이다.

예전의 가치는 최근 들어 미국에서 다시 떠오르고 있다. 이머징 교회 운동의 대표적인 주자인 댄 킴볼(Dan Kimball)은 그의 책《시대를 리드하는 교회》에서 이를 적절하게 설명한다.[6] 그는 미국 내 구도자 중심 예배가 더 이상 젊은 청년들을 흡수하지 못하고 35-55세 사이의 중년층에게만 호응을 일으키는 예배임을 관찰하였다. 오히려 청년들에게는 영성과 신비가 녹아 있는 예전이 더욱 새로운 감흥으로 다가감을 주장한다.

부임한 지 얼마 되지 않아 청년예배에 어느 정도의 예전이 있어야 할 필요성을 느꼈다. 초신자가 열린예배 형식에 익숙했다가 장년예배에 가면 새로 주기도문과 사도신경을 익혀야 할 것이다. 청년예배 때에는 부르지 않아 익숙하지 않던 찬송가도 새로 익혀야 할 것이다. 여러 요소가 낯설고 복잡하게 느껴질 수 있다. 장년예배의 엄숙한 분위기에 세대 간의 차이를 느낄 수 있다. 그래서 부임한 지 약 3개월쯤 지나, 기존 열린예배 형식에 전통적인 예배 형식의 요소들을 가미하였다. 그리하여 기존의 단순한 열린예배 형식에 전통예배의 여러 예전적 형식이 들어가 어우러지는 예배 형식이 만들어졌다.

기존 예배에 첨가된 예전적 요소들은 다음과 같다. 먼저, 찬양팀이 혼성 4부 찬양을 부름으로써 예배의 시작을 알린다. 이어 총무 교사가 나와서 예배의 말씀을 낭독함으로 예배를 선포한다. 이런 순서 없이 찬양으로 바로 예배를 시작할 경우, 예배의 시작이 모호해지므로 자칫 예배에 늦는 청년들이 늘어날 수 있다. 찬양과 경배 시간에 이어 찬양리더의 인도로 사도신경을 함께 고백한다. 기계처럼 반복하는 암송이 아니라, 깊은 경배 가운데, 하나님의 임재 앞에 드리는 마음이 담긴 신앙의 고백이 되도록 노력한다. 대표기도 끝부분에 기도 인도자는 "이 모든 것을 예수님의 이름으로 기도하오며, 이제는 주님이 가르쳐 주신 기도로 기도하오니……" 하며 주기도문을 인도한다. 공동체는 이때 한목소리로 기도한다. 기존에 설교자가 하던 성경봉독을 대신하여, 성경봉독자를 세운다. 예배 때 우리 공동체에 주시는 하나님의 말씀을 받들어 봉독한다. 말씀봉독은 개혁교회 전통을 살려 두 사람이 나와 구약의 말씀과 신약의 말씀을 각각 나누어 봉독한다. 찬양 시간에도 CCM만 부르는 것이 아니라 찬송가도 한두 곡 부르도록 하였다. 전에는 찬양대가 없었지만 팀별로 찬양대를 구성해 서도록 했다. 이 작은 요소 하나하나가 예배 가운데 녹아들면서 자유로움 가운데서도 경건함이 살아나고 진지해졌다.

광고 순서를 어디에 놓아야 할까?

지금과 같은 예배 형식을 갖기 전에 광고 순서는 의례적으로 축도 전에 있었다. 그런데 예배에 성령의 임재가 강력해질수록 광고 순서가 예배의 흐름에서 고민거리가 되었다. 말씀 선포 후 말씀에 반응하며 기도하고 찬송하며 성령의 역사로 말미암아 얼굴이 눈물범벅, 콧물범벅이 되었는데 갑자기 조명이 환해지며 광고를 안내해 보라. 회중들의 귀에 광고가 제대로 들리겠는가? 이들은 조금 전까지 하나님의 임재 앞에 자기 영혼의 깊은 부분까지 만져 주심을 경험하고 나온 이들이다. 그런데 갑자기 "광고를 말씀드리겠습니다!" 하면 은혜의 잔향을 음미하기도 전에 눈물을 수습하고 정신을 빨리 차려야 한다. 이러다 보니 청년예배에서 광고 시간이 당황스러운(?) 시간이 되었다. 당황스러움을 견디지 못하고 광고 시간이 되면 밖으로 나갔다 오는 지체도 있었다.

광고 순서를 놓고 찬양팀 리더와 임원들과 함께 고민했다. 일단 예배는 온전히 하나님께 드리는 것이니, 모든 순서가 끝난 후 광고 문구를 예배당 정면에 설치된 대형 스크린에 음악과 함께 내보내면 어떻겠냐는 의견이 나왔다. 그대로 시행해 보았다. 그런데 예배에 깊이 빠졌다가 나온 대부분의 지체들이 예배를 마치자 긴장이 풀어졌는지 예배 후 광고를 제대로 보지 않고 흩어졌다. 이것은 아니다 싶어 광고 순서를 주기도문 후로 넣어 보았다. 스크린에 광고 문구를 내보내면서 배경음악을 넣어 주었다. 조명은 어둡게 했다. 주기도문을 마친 직후 잔잔한 감동을 음미하고, 예배 순서의 자연스러운 연결을 위해서였다. 이것은 서울의 한 대형 교회에서 광고하는 것을 그대로 따라 한 경우였다. 그런데 아무래도 광고문구의 디자인과 화면 배열이 세련되지 못했고, 집중도도 많이 떨어졌다. 광고를 내보내는 엔지니어 쪽의 기술도 서툴렀다. 음악이 나오지 않을 때도 있었고, 음악과 화면이 맞지 않을 때도 있었다. 아무래도 어색했다. 그래서 광고 도우미를 두었다. 낭랑한 목소리의 자매 하나가 스크린에 나오는 광고문구에 맞추어 광고를 읽었던 것이다. 결과는? 역시 집중이 잘 되지 않았다. 때로는 자세히 안내해야 할 광고도 너무 간단하게 넘어가기도 했다. 강조할 부분과 강조하지 않아도 될 부분을 모두 일률적으로 다루니 광고의 유연성이 없었다.

　다시 광고 시간에 교역자가 나가는 것이 좋겠다는 의견이 나왔다. 아무래도 교역자가 직접 하는 것이 광고의 호소력과 효과 면에서 가장 좋기 때문이었다. 교역자가 광고할 때 어느 내용을 강조하여야 할지도 알고 혹 빠진 내용도 즉석으로 첨가할 수 있다. 그래서 주기도문 후 환영, 축하, 광고 순서를 하나로 묶어 교역자가 직접 진행하였다. 이렇게 하자 예배가 전체적으로 안정되었다. 말씀 선포 후에도 말씀을 부여잡고 마음껏 울며 기도하고 감격으로 찬양할 수 있었다. 기도와 찬양 시간 후에는 축복송을 부른다. 축복송은 모두 일어나서 함께 부른다. 축복송을 새가족 환영순서에서 하지 않고 맨 뒤로 놓은 것은 새신자를 위한 배려 때문이다. 처음 왔는데 쑥스럽게 한동안 세워 놓고 손 뻗고 환영한다고 축복한다고 노래를 불러 주면 새가족의 입장에서는 여간 당황스러운 것이 아니다. 그래서 환영하는 시간에는 간단히 소개하고 환영하는 박수를 치고 마친다. 그리고 예배의 끝 순서에 모두 함께 서로를 축복하는 시간을 갖는다. 설교 후 기도와 찬양의 시간을 보내고 나면 새신자도 마음이 열려 서로를 향해 자연스럽게 축복하는 순서에 어울릴 수 있게 된다.

청년예배의 실제
　이제까지 언급했던 고민과 어려움들을 하나하나 개선하며 하나님의 은혜를 온전히 담기 위해 만들어 왔던 예배의 틀(순서)은 다음과 같다.

1) 여는 찬양 2) 예배 시작 선포 3) 찬양과 경배 4) 사도신경 5) 대표기도와 주기도문 6) 환영 및 광고 7) 특송 8) 성경봉독 9) 설교 10) 찬양 – 기도 – 찬양과 경배 11) 축복과 교제 12) 파송의 노래 13) 봉헌(들어올 때 드렸던 헌금을 봉헌) 14) 축도

▪ **여는 찬양**: 청년공동체 찬양 사역팀인 '마하나임'이 전통적인 찬송가 혹은 떼제 찬양 중에 하나를 선곡하여 4부 합창으로 부른다. 찬양의 시작은 예배가 시작됨을 알리는 신호이다.

▪ **예배 시작 선포**: 예배 시작을 알리는 말씀 선포는 총무 교사가 한다.

▪ **찬양과 경배**: 청년예배 찬양팀인 '마하나임'이 담당한다. 찬양은 약 30여 분간 드린다. 찬양 시간은 처음에는 20분이었다. 이것이 예배가 깊이 있게 진행됨에 따라 25분으로, 다시 30분으로 늘어나게 되었다. 전체 곡의 흐름이 항상 찬양(praise)으로부터 시작하여 깊은 경배(worship)로 나아가도록 한다. 곡의 흐름에 대해서는 뒤에서 자세히 설명할 것이다.

찬양을 시작할 때 찬양인도자는 모두 자리에서 일어나 함께 찬양할 것을 권고한다. 처음에는 이 부분에 대해 고심하였다. 초신자들의 경우 교회에 처음 오자마자 일어나서 찬양하는 것에 부담을 느낄 수 있기 때문이다. 낯설어하는 초신자를 배려하여 일어나라는 권고를 하지 않는 것이 어떨까 하는 망설임이 있었다. 그러나 이것은 시간이 지나면서 기우였음이 드러났다. 함께 일어나 찬양하는 것은 오히려 적극적으로 하나님께 나아가려는 예배자를 격려하고, 온 맘을

다해 찬양함으로 전체 예배 분위기가 더욱 뜨겁게 된다. 그뿐만 아니라 서서 찬양하는 것은 앉아서 찬양하는 것보다 훨씬 더 찬양에 집중하게 해준다.

▪ **사도신경**: 경배의 정점에 우리의 입술을 열어 한마음으로 신앙고백을 드린다.

▪ **대표기도와 주기도문**: 대표기도자가 나와 기도하고 이어 "이제는 주님이 가르쳐 주신 기도로 기도하오니"라는 멘트로 주기도문을 인도한다. 이때 기도자는 반드시 기도문을 적어 오게 한다. 기도문 없이 기도하면 횡설수설하게 되고, 했던 기도를 반복하는 중언부언 기도가 되기 쉽기 때문이다. 따라서 기도 순서를 맡은 기도자는 미리 기도문을 정성스럽게 준비하여 그 기도문을 갖고 대표기도를 인도한다.

▪ **환영 및 광고**: 광고 전에 간단한 찬양을 함께 부른다. 이 시간에는 서로의 마음을 열어 주는 찬양이 좋다. 그동안 불렀던 찬양에는 〈왕왕왕왕 나는 왕자다〉, 올챙이송을 개사한 〈하선활 홍보송〉[7], 〈싱글벙글〉, 〈싱글벙글 2〉, 〈찬양이 언제나 넘치면〉, 떼제 찬양, 찬송가 등이 있다. 찬양 후 그 주에 새로 나온 새신자, 새가족 성경공부 수료자, 군 휴가자 등을 소개하고 환영한다. 광고는 교역자가 하고, 이때 광고 문구를 커다란 화면으로 비추어 광고를 돕는다.

▪ **특송**: 팀별로 찬양대를 조직하여 찬양을 하거나, 또래별로 특송을 한다. 그 외에 특송을 희망하는 지체들은 적어도 3주 전에 신청하여 준비한다.

▪ **성경봉독**: 구약의 말씀, 신약의 말씀을 각각 한 명씩, 모두 두 명이 나와 "오늘 하나님께서 우리에게 주시는 구약의 말씀은…… 신

약의 말씀은……"이라는 말과 함께 봉독한다.

■ **설교**: 마태복음을 본문으로 연속적으로 강해설교를 하되, 구약의 말씀과 함께 연결하여 신·구약이 보완되도록 했다.

■ **기도와 찬양**: 처음 부임했을 때 이 시간은 예배 가운데 그다지 비중을 차지하는 시간이 아니었다. 간단한 통성기도 후 마치는 것이 전부였다. 처음에는 청년예배 중 통성기도하는 것에 다들 익숙지 않았는지 기도 소리도 조용조용했다. 설교 후 기도제목을 주고 함께 기도하자고 하면 잠시 조용히 기도하다가 마치곤 하였다. 그런데 이 시간이 중요하게 된 계기가 있었다. 계기가 된 사건은 부임한 지 얼마 되지 않아 상처와 치유에 대하여 6주간에 걸쳐 시리즈로 설교를 하면서부터였다. 공동체 안에 불신과 상처들이 많이 있었던 것 같다. 이 기간 중 설교 후 기도 시간을 가질 때 여기저기서 흐느끼는 소리가 많이 들렸다. 그전처럼 간단하게 통성기도하고 마치는 것으로 끝낼 수가 없었다. 그래서 기도와 함께 찬양도 하며 더 깊이 하나님의 말씀 앞에 반응하는 시간을 갖게 되었다. 이 기간을 계기로 말씀 앞에 반응하는 찬양과 기도 시간이 예배 가운데 비중을 차지하게 되었다.

어떤 교회에서는 이 부분을 찬양인도자가 인도하기도 한다. 그러나 이 시간은 교역자가 직접 인도하는 것이 좋다. 교역자가 설교하므로 교역자가 말씀과 찬양과의 관계를 고려하여 적절한 몇 곡을 선택한다. 우선 말씀의 주제와 연관되는 찬양을 부르고, 말씀을 각자의 삶에 적용하도록 도전한다. 그리고 함께 기도한다. 기도 후에는 다시 하나님의 임재 앞으로 깊이 나아가는 경배에 관한 찬양을 부른다.

■ **축복의 노래**: 서로를 축복하는 찬양을 함께 부른다.

■ 파송의 노래: 축복의 노래 후 바로 빠른 템포의 파송의 찬양을 부른다. 파송의 찬양은 보통 3개월 주기로 바꾸도록 한다. 파송의 찬양이 끝나갈 무렵 임원 중 회계가 헌금을 모아 가져오면 교역자가 봉헌한다. 헌금은 보통 예배 전 본당 앞 헌금함에다 자발적으로 한다.

■ 축도: 감사 및 봉헌기도를 한 후 축도를 한다. 축도 후에는 찬양팀이 회중들이 자리를 떠날 때까지 찬양을 한 곡 더 부른다.

예배의 흐름

어떤 예배든지 예배에는 전체적인 흐름이 있다. 예배 순서는 성령께서 역사하시기에 편하고 자연스러워야 한다. 그리고 이 흐름은 물처럼 자연스러워야 한다. 청년예배에서 드리는 예배 순서는 이와 같이 전체적인 흐름을 염두에 두고 짜여졌다.

예배에서 고려했던 흐름의 초점은 하나님과의 만남에 있었다. 어떻게 하면 모두가 하나님과의 생생한 만남을 경험할 수 있느냐는 것이다. 예배 가운데 하나님과의 만남은 다음의 세 가지 요소로 구성될 것이다. 먼저 우리가 하나님께로 나아간다. 둘째, 하나님께서 임재하시며 우리의 나아감에 반응하시고 말씀하신다. 셋째, 하나님의 임재에 우리가 다시 적극적으로 반응한다. 여기서 진실한 '만남'과 '드림'의 역사가 일어난다.

우리는 하나님과의 만남을 기대하며 예배 형식을 통해 다음과 같은 흐름을 추구하였다. 예배 가운데 나타나는 '만남사건'의 흐름은 다음과 같다. 먼저 예배가 시작됨을 선포하고 하나님께 나아간다. 하나님께서 우리를 위해 행하셨던 놀라운 일들을 떠올리며 찬양한다. 감사한다. 찬양과 묵상이 더욱 깊어질수록 회중은 찬양의 시선을 하나님께서 우리에게 하셨던 일들로부터 큰 은혜를 베푸시는 하나님 그분에게로 집중한다. 하나님을 높이며 경배한다. 찬양의 정점에서 하나님의 깊은 임재 가운데 경배드리며 온 마음을 실어 우리의 신앙을 '사도신경'으로 고백한다. 이어서 대표기도자가 나와 모두의 마음을 모아 기도드린다. 대표기도 인도 후에는 기도자의 인도로 주기도문을 함께 기도드린다.

이때쯤 찬양과 경배를 통해 함께 하나님의 임재 가운데 들어왔던 지체들은 마음이 서로를 향해 활짝 열린다. 이때 공동체의 지체들을 격려하고 새신자를 환영하고 축복한다. 광고 후, 특송으로 하나님을 찬양한다. 특송은 하나님께 정성껏 준비된 찬양이다. 특송을 마치면 성경봉독 순서가 이어진다. 특송 순서를 통해 찬양을 받으신 하나님께서 이제는 공동체를 향해 구약의 말씀과 신약의 말씀을 주시는 것이다. 성경봉독 후 설교자가 이 말씀을 갖고 하나님의 말씀을 선포한다. 이때 공동체는 이 말씀을 사람의 말이 아니라 하나님의 말씀으로 받는다(살전 2:13).

설교 후에는 하나님께서 주신 말씀에 반응하며 다시 하나님의 보좌 앞으로 나아간다. 이때 청년들은 말씀을 자신의 삶에 적용시킨다. 하나님의 말씀 앞에 눈물과 기도로 응답하며 나아간다. 그리고 말씀 앞에 자신을 복종시킨다. 하나님의 사랑을 확인하며 감격한다. 새 힘을 얻고 다시 일어난다. 다시금 헌신을 다짐한다. 그리고 이렇게 사랑해 주시고 붙잡아 주시는 하나님을 찬양한다. 이때 더 깊은 임재로 나아가는 역사가 일어난다. 여기서 청년들은 하나님의 이름을 마음껏 높여 부른다. 사랑을 고백한다. 경배드린다.

하나님을 향한 더욱 깊은 나아감 후, 지체들은 믿음 안에서 지체들 서로를 격려하며 서로에게 반응한다. 축복송을 부르고 축복한다. 그리고 이어 파송의 노래를 부르며 서로가 그리스도의 제자로 굳건히 서기를 바라는 마음으로 파송한다. 이어서 하나님께 감사의 예물을 봉헌한다. 청년들이 이렇게 시간과 마음과 물질과 사랑을 하나님께 드리며 나아갈 때, 예배인도자는 하나님께서 우리의 예배를 받으시길 간절히 기도한다. 그리고 축도가 이어진다.

예배의 준비와 점검

성령의 기름 부으심이 있는 예배를 준비하기 위해서 우리는 매주 토요일 예배 기획과 점검을 위한 모임을 가진다. 청년예배의 형식은 기본적으로 거의 동일하지만 한 해 동안 예배에는 끊임없는 변화 요소가 있다. 절기와 교회 전체의 흐름에 맞추어야 할 경우가 있고 주어진 청년예배의 틀 안에서도 다양한 변화가 있다. 예배 준비 모임을 통해 이러한 변화와 다양한 요소들을 점검하고 준비하는 것은 예배다운 예배를 드리기 위해 반드시 필요하다. 때로는 예배 가운데 특별한 이벤트 혹은 순서가 없더라도 예배의 부드러운 흐름을 위해 콘티를 작성하는 것이 필요하다. 또한 콘티 작성 후 점검과 반성 또한 반드시 필요하다.

시간	프로그램	담당	내용
13:10 – 13:20	예배팀 기도회	양형주 목사	
13:20 – 13:45	예배 일정 설명 및 점검	양형주 목사	· 청년대학부실 · 청년대학부 임원 · 팀장 셀리더 및 부리더 참석현황 파악 · 예배 사역팀 및 예배참여 사역팀 　마하나임 리더 및 방송실 담당자 　(PD 서○○) 필참 　예배 참여 팀장들은 팀원 참석 파악 · 예배 위원 대표기도자, 　성경봉독자 연락 : 이○○ 　교육 및 주기도문 코팅지 준비 : 전○○ 　특순자 특송 및 팀찬양대 : 이○○ · 예배 안내 : 박○○
13:45 – 14:30	각 파트별 예배 준비	담당자 안내교육 : 박○○ 안내 : 청년3팀 인원계수 : 청년대학부 서기 봉헌 : 청년대학부 회계(격주) 새신자접수 및 안내 : 새가족팀 찬양대 :	· 성경봉독자 교육 : 전○○ · 예배안내 교육 : 　박○○ 　외부 2명, 내부 2명 · 마하나임 　① 튜닝 및 사역팀 시스템 작동 점검 　② 성경봉독자 MIC 　③ 특순자 MIC · 방송실 PD 　① 찬양 PPT 가사확인 　② 조명 리허설 　③ 예배 실황 녹화 Tape 및 　녹음 Tape 확인 　④ 세부 콘티 확인 및 배부 · 목사님 단상 (담당자 이○○) · 목사님 무선마이크 점검 : 찬양팀 리더 · 마이크 전달 : 이○○ · 배너담당 : 이○○
14:25	찬양대 준비 확인 예배 선포자 확인	이○○	

순서	시간	누계	내용	출연	음향	조명	등장	퇴장	비고
1	1″	2:31	예배선포	임○○ 집사	'큰 영광 중에 임하시는'	회중조명 ON 전면조명 ON			
2	25″	2:56	1. 내가 만민중에 2. 무덤 이기신 예수 3. 주 예수의 이름 높이세 4. 산과 시내와 5. 나의 마음을 정금과 같이	찬양리더- 오선교 싱어 일렉기타, 드럼 베이스기타, 키보드			마하나임	임○○ 집사	가사 PPT
3	1″	2:57	신앙고백(사도신경)	찬양리더				마하나임	
4	30′	2:58	Back Music	키보드	'나의 마음을 정금과 같이'		대표 기도자	찬양리더	
5	3″	3:01	대표기도 및 주기도문	서○○					
6	30′	3:01	Back Music	키보드	'왕이신 나의 하나님'			대표기도자	
7	3″	3:04	설교전 찬양	양형주 목사	'싱글벙글2'		양형주 목사		
8	5″	3:09	축하 및 환영	양형주 목사 찬양리더 및 마하나임					축하 및 환영 PPT
9	5″	3:14	광고	키보드				양형주 목사	광고 PPT
10	6″	3:15	특순	한○○ 대학4팀	'하나님은 너를 지키시는 자' '맛 잃은 소금'				색소폰 특주 아카펠라 찬양
11	4″	3:24	성경봉독	백○○, 조○○	'출 30:17-21' '마 14:34-15:20'		봉독자 자리	성경봉독자	
12	30″	3:54	설교(무엇이 사람을 더럽게 하는가?)	양형주 목사			양형주 목사		
13	15″	4:09	회중기도	〃	'정결한 맘 주시옵소서' '하나님은 너를 지키시는 자'	회중조명 OFF	양형주 목사		
14	30′	4:25	Back Music	키보드		회중조명 ON	찬양리더 및 마하나임		
15	2″	4:27	파송의 노래	〃	'우린 쉬지 않으리'		회계		가사 PPT
16	2″	4:29	봉헌기도, 축도	양형주 목사					
17	30′	4:30	JUMP		마하나임			양형주 목사, 회계	

2. 예배(Worship): 고구마줄기

예배 준비모임

예배 준비모임은 예배드리기 전에 두 번 갖는다. 먼저 예배 기획회의를 갖는다. 예배 기획회의를 통해서 예배의 전체적인 콘티를 작성하고 완성한다. 그 후 주일에 청년예배를 드리기 전 함께 모여 기도회를 갖는다. 기도회에서는 모든 리더들이 모여 예배를 위해 함께 기도하고 예배 콘티와 각 순서 담당자를 최종적으로 확인하고 점검한다.

하지만, 청년들이 좀처럼 시간을 내지 못하는 경우가 많다. 이런 경우 예배 준비모임을 주일 전후로 갖는 것도 좋다. 예배 준비를 위한 사전 준비 점검은 카톡방이나 온라인을 통해 준비하도록 하고, 예배 후 전체적인 점검을 위해 함께 모이는 것이 더 효과적일 수 있다.

① 예배 기획회의

매주 토요일 임원회의 때 예배 파트를 담당한 총무가 예배 콘티를 미리 작성해 온다. 그리고 여기서 각 담당자를 확인하고, 찬양과 경배의 흐름, 환영과 광고 순서의 흐름, 기도회를 위한 흐름을 미리 점검한다. 각 순서에 소요되는 예상 시간을 잡는다. 특송이 있는 경우, 특송을 담당한 팀이 단 위에 오르는 동작의 움직임, 즉 동선을 결정한다. 예배 진행이 어수선하지 않고 깔끔하고 자연스럽게 진행되기 위해 예배 순서 담당자들의 동선 설정과 위치 지정은 중요하다.

그 밖에 예배를 위해 특별한 점검을 요하는 부분은 토요일 저녁에 임원들이 찬양팀과 함께 점검을 한다. 광고를 위해서뿐 아니라 설교 전 주제제기를 위해 영상을 사용할 경우, 그 시간과 상영 순서를 미리 정하고 시연하기도 한다. 특송을 담당한 사람들의 경우, 반드시 토요일 저녁에 미리 와서 단에 올라갔다 내려와 보도록 한다. 미리 서 보는 것과 서지 않는 경우의 차이는 크다. 이때 마이크와 마이크의 위 치를 미리 지정한다.

예배를 드리다 보면 순서 담당자들이 강단에 오르내리면서 서로 부딪히고 강단에서 내려오는 사람이 단에 오르는 사람의 통로를 막아 다음 순서가 원활하게 진행되지 못하는 경우가 종종 있다. 예배를 준 비하며 동선을 결정하는 것과 마이크의 위치를 결정하는 것은 예배의 매끄러운 진행을 위해 도움이 된다. 예배 순서를 담당한 지체들끼리 단에 오르내리며 충돌하는 것을 최소화할 수 있다. 또한 마이크 하울 링 사고와 마이크 소리가 늦게 나오는 일을 줄일 수 있다.

② 1시 기도회

우리 교회 청년예배는 주일 오후 2시 30분에 시작한다. 예배 전 1시 10분에 예배에 관련된 순서 담당자들과 방송실 담당자, 그리고 모든 리더들이 함께 모여 예배, 소그룹 모임, 그리고 새가족을 위해 중보기도하는 시간을 갖는다. 약 10여 분의 기도를 마치고 참석한 지 체들에게 예배 기획회의 때 확정한 청년예배 콘티를 나누어 준다. 함 께 콘티를 보며 오늘 예배가 어떻게 진행되는지를 전체에게 설명하면 서 순서 담당자를 확인한다. 혹 변경 사항이나 잘못 기록된 것이 있으 면 수정한다. 여기서 예배 콘티를 최종적으로 확인한다.

예배 점검

예배를 철저하게 준비하는 것 못지않게 그 주에 드렸던 예배를 반성하고 되돌아보는 것도 중요하다. 청년예배가 오늘과 같은 형태를 갖추기까지 지속적인 예배 점검이 큰 도움이 되었다. 청년예배 후 소그룹 모임을 갖고 주일 저녁 6시에 그날 드린 예배를 점검한다. 임원들만 모였던 예배 기획회의와는 달리, 이때는 찬양팀 리더, 주보 팀장, 새가족 팀장도 참여한다. 이때는 예배 처음부터 끝까지 전체를 하나하나 점검한다. 음향장비 운영과 찬양 시간, 설교 시간 등을 체크한다. 잘 진행되었던 부분은 감사하고, 아쉬웠던 부분은 보다 건설적인 제안과 토의를 거쳐 다음 예배에 반영한다.

이때 그 주에 발간된 주보를 함께 점검한다. 조판이 잘 나왔는지, 오자와 잘못된 정보는 없었는지를 점검한다. 그리고 보다 풍성한 기사를 위한 건설적인 의견들을 제안한다. 다음 주 예배 때에 전체 공동체가 알아야 할 내용 혹은 프로그램을 미리 점검하고 알려 준다. 그리고 찬양팀 리더에게도 알려 주어 다음 주 예배 찬양에 도움이 되도록 한다.

새가족 팀장은 그 주에 새로 등록한 지체들의 연결 사항과 새신자 입문과정을 수료한 지체들이 각 소그룹에 잘 연결되었는지를 점검한다. 그리고 새신자들의 새로운 필요가 무엇인가를 점검한다.

교역자와 찬양팀과의 관계

교역자와 찬양팀과의 관계는 매우 중요하다. 역동적인 예배를 위한 찬양팀의 역할은 중요하다. 그러나 찬양팀은 청년사역자와 긴밀하게 협조해야 한다. 아무리 찬양팀의 실력이 좋고 찬양인도를 잘 한다고 하더라도 청년사역자가 추구하려는 방향과 정반대로 간다면 예배 전체가 살아날 수 없다. 중요한 것은 청년사역자와 같은 방향으로 가는 것이다. 교역자와 찬양팀이 정반대로 간다면 예배 가운데 하나님의 역사를 가로막을 수 있다.

설교자인가 예배인도자인가?

많은 교회에서 의외로 찬양팀과 설교자 사이에 커뮤니케이션이 잘되지 않아 종종 문제가 일어나곤 한다. 찬양팀을 위한 실용적인 매뉴얼인《예배는 콘서트가 아닙니다》[8]에서 저자는 이 부분을 누차 강조한다. 예배에는 영적 질서가 있어야 한다. 그리고 찬양인도자와 전체적인 예배인도자 사이에 철저한 신뢰와 협력과 순복이 있어야 한다. 그렇지 않다면 혼란과 알력이 생길 수 있다. 자칫 '파워게임'으로 변해 갈 수 있는 것이다.

청년예배 때 교역자는 두 가지 방식으로 예배를 섬길 수 있다. 첫째는 설교자로서이고 둘째는 예배인도자로서이다. 어떤 방식으로 섬기느냐에 따라서 예배 전체가 달라질 수 있다.

설교자

설교자로서의 교역자는 불변하는 하나님의 말씀을 변화하는 세대에 선포하는 사역을 감당한다. 교역자가 설교자의 역할을 감당할 때 대부분의 예배 진행은 찬양팀과 행정리더들(임원)에게 일임된다.

교역자는 주로 설교를 준비하고 선포하는 데 집중한다. 설교 이전의 찬양도 설교 이후의 찬양도 그다지 신경 쓰지 않는다. 오히려 설교 후에는 찬양팀이 알아서 이끌어 가도록 맡긴다. 이때 설교자는 보다 집중해서 설교를 준비할 수 있는 장점이 있다. 그러나 자칫하면 예배의 통일성이 깨지고 찬양과 설교가 분리되어 따로 갈 수가 있다.

신학생 시절, 부산에서 청년사역을 하시는 목사님이 신학교에 오셔서 청년사역에 관한 특강을 하셨다. 강의 도중 목사님이 찬양리더 때문에 곤혹스러울 때가 있었노라고 말씀하였다. 그 교회에서도 교역자는 설교자로서의 역할에 강조를 두고 있었다. 설교 전 찬양 30분은 찬양리더가 어떤 곡을 어떻게 하든 상관 않고 마음껏 인도하도록 배려했던 것이다. 찬양리더가 열정적이어서 뜨겁게 찬양을 인도하고 더구나 통성기도까지 뜨겁게 인도한 후 내려간다고 하자. 찬양리더는 뜨겁고 은혜롭게 찬양인도를 했다는 것에 만족하고 내려올 수 있다. 그러나 다음 순서를 잇는 설교자는 다음 상황이 부담스러울 수 있다. 이미 찬양 시간에 자신의 열정을 다 쏟고 눈물 콧물 다 쏟으며 통성기도까지 한 터라, 청년들에게 설교 시간이 지치는 시간이 될 수 있다. 오히려 눈을 지그시 감고 안식(?)하는 시간이 될 수 있는 것이다.

찬양리더가 자기 주관이 강할 경우 설교자와 협력하기가 쉽지 않을 수 있다. 때로 설교자가 찬양인도자에게 준비한 콘티와 다른 찬양곡과 예배의 방향을 요구하면 자존심 상해하며 힘들어 할 수 있다. 설교자의 영적 권위로 자신의 권위를 짓누르려 한다고 오해하기도 한다. 이런 경우 찬양리더는 자신이 인도하는 찬양 시간에만 은혜가 충만하고 성령께서 역사하시는 줄 착각한다. 그러나 교역자와 찬양리더간에 이러한 마찰이 일어날 때, 예배의 역동성은 사라진다. 무엇보다 중요한 것은 서로 협력하여 예배 전체가 살아나는 것이다. 찬양 시간이 예배의 중요한 요소이기는 하지만, 예배의 전부는 아니다.

교역자가 설교자의 역할을 주로 감당하는 경우, 찬양리더는 설교자의 영적 권위와 교회 전체의 영적 질서를 존중하며 설교자와 긴밀히 협력하여야 한다. 찬양리더에게도 예배 전체를 바라보고 예배가 살아나도록 돕는 거시적인 안목이 필요하다.

찬양리더가 다음 주에 선포되는 설교 본문을 미리 받아두는 것이 필요하다. 본문을 미리 묵상하며 콘티를 짜는 것이 예배를 준비하는 데 큰 도움이 될 것이다. 우리 청년공동체의 경우, 청년사역자는 한동안 주로 설교자로서의 역할을 감당했었다. 그렇다고 찬양팀과의 협력을 고려하지 않았던 것은 아니었다. 교역자는 설교 본문을 주중에 찬양팀에게 미리 주어 본문을 묵상하며 콘티를 짜도록 했었다. 예배의 일관성을 배려했던 것이다.

강해설교

설교자가 다음 주에 선포되는 설교 본문을 미리 찬양팀에게 주려면 본문을 미리 정해 두어야 한다. 그런데 이 본문을 정하고 설교의 주제를 정하는 것이 만만치 않다. 청년사역자가 처음 설교사역을 시작하면 매주 설교를 겨우 하는 것만으로도 벅차기 때문이다. 설교 본문이 매주 주제에 따라 달라지면 설교자는 본문 묵상을 사전에 철저한 준비성을 갖고 준비해 두어야 한다. 그런데 이런 철저함으로 무장하기가 쉽지 않다. 이럴 때 강해설교 방식이 큰 도움이 된다. 매주 본문을 차례로 진행하기 때문에 적어도 본문을 정하고 주제를 정하는 것에 부담이 없다.

강해설교는 청년들에게 성경을 꼼꼼히 보도록 하고, 성경 한 권을 일관성 있게 이해하도록 돕는 큰 장점이 있지만, 강해설교에 대한 우려의 목소리도 있다.

첫째, 성경 한 권을 제대로 강해하려면 꽤 많은 시간이 걸린다. 본문을 진행하는 방식이 너무 느린 것이다. 내 경우에도 마태복음을 강해하는 데 3년의 시간이 걸렸다. 청년기의 특성상 한 교회에 오래 머물지 않는데, 있는 동안 성경을 한 권도 제대로 설교하지 못한다는 것은 참 아쉽다는 생각이 든다. 마태복음 말고도 청년들에게 전해야 할 성경 말씀이 무궁무진한데, 이것으로만 제한다는 것은 너무나도 아쉽다.

둘째, 신구약을 균형 있게 설교하기 어렵다. 구약이든 신약이든 성경 한 권만을 선택하면 이 양자를 균형 있게 설교하기가 어렵다.

이런 우려에 대해 우리는 다음과 같은 방식을 고려해 볼 수 있다.

첫째, 신약을 강해하며 이와 관련한 구약의 본문을 함께 선택하는 것이다. 그래서 신약은 일관성을 갖고 강해하되, 이와 관련된 구속사적 특징이 있는 구약의 본문을 함께 구약의 본문으로 택하여 함께 설교하는 것이다. 구약을 설교할 때도 마찬가지다. 구약을 설교하면서 이와 관련된 신약의 본문을 택하여 구약의 말씀, 신약의 말씀으로 본문을 두 가지로 택하여 설교하면 이에 대한 아쉬움을 해소할 수 있을 것이다. 내 경우, 마태복음을 강해하며 항상 구약의 본문을 함께 택하여 이 둘을 균형 있게 설교하려 노력하였다.

둘째, 강해설교 방식이 너무 느리다고 생각이 들면 큐티잡지의 성경공부 본문을 따라 속도감 있게 설교를 진행하는 것이다. 대부분의 큐티잡지 뒤에는 한 주간 묵상했던 본문 중에서 한 본문을 택하여 그룹 큐티 나눔 내지는 그룹성경공부를 할 수 있는 교재를 제공한다. 설교자가 뒤에 나온 교재를 따라 설교 본문을 택한다면, 주요 본문을 다루며 성경 강해를 빠르게 진행할 수 있다. 이렇게 큐티 교재를 설교와 그룹 나눔에 함께 도입하는 경우, 큐티잡지는 청년사역 전체를 진행하는 중요한 골격을 형성하게 해준다.[9]

예배인도자

교역자는 설교자로서만이 아니라 '예배인도자'로서 섬길 수 있다. 여기서 예배인도자란 예배의 처음부터 끝까지를 총괄하여 조율하고 기획하여 이끌어 가는 역할을 담당하는 사람을 말한다. 예배인도자와 설교자가 분리되어 있는 교회도 있으나, 우리 청년예배의 경우 교역자가 설교자의 역할은 물론 전체적인 예배를 이끄는 예배인도자 역할을 하였다. 청년예배인도자는 예배 순서 하나하나가 예배 전체의 흐름과 통일성에 어떻게 작용할까를 고려한다. 이때 중요한 것이 찬양인도자와의 커뮤니케이션이다. 커뮤니케이션이 원활할 때, 예배 전체의 흐름이 자연스럽고 일관성 있게 진행된다.

우리 청년예배에서 찬양인도자는 예배인도자의 권위에 잘 따라주었다. 예배인도자가 추구하고 나아가려는 방향에 기쁨으로 순종하며 동참하였다. 때때로 찬양인도자가 예배를 위한 건설적인 제언을 할 경우, 예배인도자는 그 제언을 예배에 적극 반영하도록 노력한다.

좋은 찬양이 있는 경우 서로 소개해 주고 최근 찬양의 흐름에 둔감해 지지 않도록 했다. 나의 경우 찬양인도자로부터 찬양의 새로운 흐름에 대해 많은 도움을 받았다.

예배의 일관성을 유지하기 위해서 가장 중요한 것이 그 주에 선포되는 말씀이다. 공동체에 선포되는 말씀이 전체 예배의 중심으로 자리 잡아야 한다. 우리는 마태복음을 본문으로 연속적으로 강해했기 때문에 다음 주의 본문을 미리 알 수 있었다. 청년예배가 끝나면 찬양 리더는 다음 주의 본문을 교역자에게 확인한다. 이때 교역자는 본문을 갖고 설교할 방향을 대략 찬양인도자에게 설명해 준다. 찬양인도자는 본문을 주중에 묵상하면서 찬양 콘티를 짠다. 그리고 목요일 이전에 콘티를 이메일을 통해 보낸다. 예배인도자는 찬양 곡목과 순서를 확인한다. 이렇게 묵상하며 짠 콘티는 대체적으로 그 주에 드릴 예배의 흐름과 설교에 상응한다. 예배인도자(교역자)는 콘티가 예배 흐름에 잘 맞지 않는 경우 찬양인도자에게 제언을 한다. 이때 찬양인도자는 제언을 받아들여 콘티를 수정하고, 다시 이메일로 보내어 최종 콘티를 확정한다.

예배인도자는 금요일까지 찬양 콘티를 최종적으로 확인하고 설교 후 부를 찬양을 선곡해서 알려 준다. 설교 후 찬양은 말씀과 연관이 있으면서, 더 깊은 임재로 나아가는 곡이어야 한다. 이때 찬양은 예배인도자인 교역자가 직접 선곡한다. 직접 말씀을 선포하기 때문이다. 때로 적당한 곡이 떠오르지 않는 경우, 찬양인도자의 조언을 받기도 한다.

찬양 콘티 점검사항

찬양인도자가 찬양 콘티를 작성할 때 점검하는 사항은 다음과 같다.

- 그날의 설교와 연관성이 있는가?

이 부분은 예배인도자로부터 설교 본문 묵상에 대한 방향을 받고, 찬양리더가 본문을 묵상하며 준비한다.

- 곡의 연결과 템포가 자연스러운가?

곡의 연결과 템포는 기술적인 면이다. 그러나 중요하다. 찬양이 어느 한 방향을 향해서 꾸준히 가지 않고, 올라갔다 가라앉았다를 반복하면 전체적인 분위기가 불안정해진다. 회중도 안정되지 않는다. 전체적인 곡의 연결과 템포는 물 흐르듯 자연스러워야 한다. 첫 찬양이 중요하다. 너무 무겁게 시작하면 전체 분위기가 가라앉는다. 처음부터 너무 경쾌하면 마음이 아직 활짝 열리지 않은 회중은 당황한다.

- 찬양인도자의 멘트는 적절한가?

회중의 찬양 분위기가 자연스럽지 못하면 찬양인도자의 말이 많아진다. 반대로 흐름이 물 흐르듯 자연스러우면 멘트는 사라진다. 나는 찬양인도자에게 되도록이면 말을 많이 하지 말도록 요청한다. 찬양은 자연스럽게 흘러가는데 오히려 중간에 감정이 격양되어 설교조로, 훈계조로 하는 말이 회중의 찬양에 방해가 될 수 있기 때문이다. 찬양인도자가 회중 찬양인도에 익숙하지 않을 경우, 설교와 훈계조의 어색한(?) 멘트가 나오기도 한다. 찬양인도자가 주의하여야 할 것이 있다. 말로 회중을 인도하지 말고 찬양이 회중을 인도하도록 해야 한다.

멘트와 관련하여 한 가지 덧붙일 것이 있다. 그것은 찬양인도자의 발음이 정확해야 한다는 것이다. 찬양인도자가 흥분해서 말을 빠르게 하면 뒤에서 듣는 회중들에게는 웅얼거리는 소리로 들린다. 이것이 찬양에 방해가 될 수 있다. 그러나 찬양인도자가 정확하게 알아듣도록 또박또박 발음하면, 때때로 회중을 더 깊은 찬양으로 인도하는 데 도움이 된다. 찬양 후 사도신경을 인도할 때도 마음이 담긴 신앙고백이 되게 하기 위해서 천천히 또박또박 발음해야 한다. 심지어는 사도신경에 나오는 단어의 장단도 구별하는 것이 좋다. 다음은 사도신경의 일부분이다.

"……죄를 사하여 주시는 것과 몸이 다시 사는 것과 영원히 사는 것을……."

앞의 '사하여'와 뒤에 두 번 나오는 '사는'의 의미는 다르다. 발음의 길이도 다르다. "죄를 사하여"에서 '사하다'는 단음이다. 뒤의 '살다'는 장음이다. 그래서 찬양인도자는 이렇게 발음하도록 노력한다.

"……죄를 사하여 주시는 것과 몸이 다시 사~는 것과 영원히 사~는 것을……."

너무 꼼꼼한가? 그래도 인도자라면 이 정도의 철저함이 필요하지 않을까?

- 찬양의 흐름이 찬양에서 경배로 자연스럽게 옮겨 가는가?

찬양팀에서는 찬양곡과 경배곡을 분류한다. 찬양은 하나님께서 우리를 위해 행하신 일들을 높이는 것이다. 경배는 하나님 그분에게 만 모든 관심을 쏟고 하나님의 하나님 되심에 관하여(Who God is) 노래하며 영광을 돌리는 것이다. 찬양은 일상에서 잠들었던 우리의 영혼을 깨운다. 하나님께서 하셨던 일을 듣노라면 마음이 열리고 감사가 솟아오른다. 그리고 이 모든 일을 행하신 하나님께 서서히 초점을 맞추게 된다. 경배는 그분 자체에 온 마음을 집중하는 것이다. 하나님의 성품, 임재, 그리고 하나님의 하나님 되심에 집중한다. 찬양에서 경배로의 진행은 성막에서의 진행과 같다. 즉, 성막의 뜰에서 거룩한 성소로 들어가 지성소에서 하나님의 임재를 경험하는 것과 유사한 형태를 갖는다(출애굽기 27장 이후를 참조하라).

청년공동체 예배에도 가능한 이러한 흐름이 이어지도록 신경을 쓴다. 혹 처음부터 너무 진지한 경배로 나아가는 곡이 있으면 이 곡을 가능한 뒤로 옮긴다. 경배 단계에서 부르는 찬양이 온통 나에게 집중되어 있다면(예를 들면 〈하나님이 날 참 사랑하시네〉, 〈나는 주의 친구〉) 그 곡을 콘티 중간으로 옮기든지 삭제한다.

찬양팀에 대한 고정관념을 벗어나자

2007년쯤이었다. 나는 미국 성서학회(SBL) 참석차 미국 샌디에이고에 들렀다가 부근에 있는 호라이즌 교회(Horizon Church)를 방문할 기회가 있었다. 그곳에서의 예배는 신선한 충격이었다. 수천 명의 회중이 모인 예배에 찬양팀이 없었다. 찬양인도자가 기타 하나만 들고 찬양을 인도할 뿐이었다. 그런데 그 찬양에 놀라운 기름 부으심과 은혜가 임했다. 찬양인도자의 찬양에 푹 빠져들어 예수 그리스도를 높이고 찬양할 때 깊은 감격의 눈물이 흘러 나왔다. 눈물을 흘리는 이는 나만이 아니었다. 주변의 많은 회중들이 함께 감격의 눈물을 흘리고 있었고, 함께 참여했던 장신대 총장님과 신약학 교수님도 함께 눈물을 흘리며 예배드렸다. 화려한 밴드와 조명이 아닌, 단 한 사람 하나님 앞에 깊이 헌신된 기름 부으심이 있는 예배자의 찬양인도에 우리 모두는 전기에 감전된 것 같은 깊은 은혜를 받았다.

1998년쯤 미국 렌트우드 레코드사에서 '어쿠스틱 워십'(Acoustic Worship)이라는 앨범을 내놓은 적이 있다. 이 앨범은 기존의 찬양 밴드에서 연주하던 틀을 벗어나 어쿠스틱 악기들로만 찬양한 곡들을 담고 있다. 현란한 전자악기가 들어가지 않지만, 그에 못지않은 좋은 하모니를 수준 있게 만들어 낸다. 첫 곡인 〈주의 이름 높이며〉(Lord, I Lift Your Name On High)를 들어 보라. 신선한 사운드에 어깨가 저절로 들썩인다. 기존의 밴드 개념을 탈피하여 다양한 악기들을 동원한 새로운 찬양 형태이다.

우리나라에서 이런 시도를 한 앨범으로는 올네이션스 경배와 찬양에서 나온 침묵기도 시리즈가 있다. 침묵기도 음반 연주를 들어 보라. 전자기타와 드럼이 빠진 것을 발견할 수 있을 것이다.

침묵기도에 들어가는 곡들은 대부분 묵상을 위한 조용한 곡이기에 드럼과 전자기타 연주가 없는 것이 잘 어울린다. 그러나 이 음반이 처음 나올 때인 1991년 당시로는 신선한 시도였다. 잘 만들어진 찬양 앨범에는 반드시 드럼과 전자악기가 들어가야 한다고 생각했던 고정관념을 깼기 때문이다.

교회에서 찬양팀이라고 하면 흔히 드럼, 베이스기타, 전자기타, 키보드 등을 생각한다. 이런 악기들은 한국 교회 대부분의 찬양 연주팀이 기본적으로 갖추고 있는 구성이다. 교회에서 찬양을 할 때면 이런 악기들을 늘 기본적으로 연주한다. 안타까운 것은 이러한 구성이 시간이 지나면서 고정관념으로 굳어져 간다는 것이다. 왜 꼭 찬양팀은 드럼과 기타, 키보드로만 찬양하여야 하는가? 조금만 더 생각을 넓히면 얼마든지 자유롭고 다양하게 찬양할 수 있다.

리코더로만 찬양예배를 드려도 멋진 예배가 될 것이다. 타악기로만 예배를 드려도 좋은 예배가 될 것이다. 비록 적더라도 클래식 악기만으로는 어떤가? 피아노만으로 찬양예배를 드리는 것은 어떤가? 기타 하나에 오르간으로 예배를 인도하는 것도 은혜롭지 않을까? 아니면 기존 밴드에다가 이 모든 악기들을 함께 연주해도 멋지지 않을까?

내가 잠시 예배드렸던 새들백 교회의 경우, 찬양팀의 연주가 탁월했다. 그 연주에 넋을 잃고 예배가 끝나 사람들이 다 나갈 때까지 듣곤 하였다. 그런데 시간이 지나면서 재미있는 광경을 목격했다. 교회 찬양팀의 악기 구성이 점점 바뀌는 것이다. 때로는 리더가 피아노를 치면서 혼자 찬양을 연주하기도 하고, 밴드의 모든 악기들이 나와서 연주하기도 했다. 어떤 때는 하모니카 혹은 색소폰과 같이 하나의 악기가 강조되어 메인 멜로디를 이끌어 가기도 하였다. 때로는 대규모 오케스트라가 동원되어 함께 찬양하기도 했다. 싱어들도 적게 나왔다가 중창단 규모로 나오기도 하고, 합창단 규모로 나오기도 했다. 늘 동일한 밴드, 동일한 싱어들이 찬양하는 것을 피하여 자유롭고 창의로운 방식으로 하나님을 찬양하였다. 찬양팀의 구성에 유연성을 둔 것이다.

청년예배를 드리면서 청년공동체 찬양팀에 이러한 유연성을 요구하였다. 처음에는 다소 난감함을 표시했다. 모든 찬양팀 멤버들이 각자 맡은 역할이 있는데 어느 날은 서지 말고 어느 날은 서라고 이야기하는 것이 미안했던 것이다. 그래서 무리하지 않고 서서히 준비하게 했다.

그해 가을, 시리즈 형식으로 테마가 있는 악기 구성의 예배를 드리도록 기획하였다. 여러 형제들이 통기타만 가지고 와서 찬양예배를 드렸다. 클래식 악기를 하는 지체들을 동참하도록 하여 클래식 악기로 찬양을 드리기도 하였다. 국악기를 동원하여 찬양하기도 하였다. 새로운 악기 구성이 찬양 시간에 신선함을 가져다주었다. 호응도 좋았다. 앞으로도 찬양팀의 이런 유연성을 계속적으로 살리면 좋겠다. 우리는 계속해서 새 노래로, 새 악기로 하나님을 찬양하고 경배하는 법을 배우고 연구해야 한다. 저 하늘에서 주님을 만나 볼 때까지…….

3.

전도(Evangelism): 예배를 통한 전도

일전에 천안 지역에서 캠퍼스 사역을 하고 있는 선교단체 간사들과 캠퍼스 선교 현황에 대해서 이야기를 나눌 기회가 있었다. 이구동성으로 요즈음 불신자를 전도하여 양육하기가 어렵다고 한다. 선교단체에 들어오는 대학생의 경우 대부분이 기존 교회에서 신앙생활을 잘하던 청년들이라고 한다. 이들이 선교단체에 오는 것은 기존 교회에서 채움 받지 못하던 부분을 얻기 위해서라고 한다. 전도가 활발하지 못해서 그런지 요즈음 캠퍼스의 선교단체들이 시들해졌다. 불신자를 전도해서 일꾼으로 키우는 경우가 쉽게 일어나지 않는다. 젊은이 전도가 어려워지는 상황이다.

젊은이들, 전도가 되지 않는다

길거리에 교회 홍보지를 갖고 전철역 앞이나 시내에 나가 젊은

이들과 접촉을 해보면 반응이 냉담하다. 홍보지를 주며 말을 건네려 하면 아무 반응 없이 싸늘하게 지나간다. 어쩌다 홍보지라도 받아 주면 감사할 뿐이다. 좀처럼 말을 건네기가 쉽지 않으며, 시간 좀 내달라고 하기는 더더욱 어렵다. 예전 같은 노방전도는 점점 통하지 않는 시대가 되어 가고 있다. 더구나 이런 방식은 이단들이 매주 떼 지어 돌며 하는 방식이다. 전도를 하러 나가면 많은 젊은이들이 우리를 이단 단체와 같은 극성 분자 혹은 광신자 중 하나로 오해하여 도망간다.

젊은이 전도가 어려워지면 교회 안에 젊은이들이 줄어든다. 일전에 천안에 있는 고려신학대학원에서 공부하는 신학생 전화를 받은 적이 있다. 당시 그는 천안 지역의 교회들을 대상으로 청년사역 실태를 조사하고 있는 중이었다. 현재 천안 지역 교회 청년부가 대부분 제자리걸음이거나 마이너스 성장을 하고 있는데, 지금 우리 청년공동체의 실정은 어떠냐는 것이다. 그래서 우리 공동체 가운데 일어나는 부흥을 이야기해 주었다. 그 신학생은 흥분하였다. 천안 지역은 젊은이들의 유동이 많고 그 밖의 여러 사정으로 인해 부흥이 어려운 지역으로 거의 결론지었다고 한다. 그러나 아직 천안 지역에 소망이 있음을 확인했다며 고맙다는 말을 전했다.

요즈음 전도가 어려운 것은 사실인 것 같다. 그러나 전도가 잘되지 않는다고 포기할 수는 없다. 왜냐하면 우리에게는 예수님께서 주신 가장 중요한 지상명령(至上命令)이 있기 때문이다. "그러므로 너희는 가서 모든 족속으로 제자를 삼아 아버지와 아들과 성령의 이름으로 세례를 주고 내가 너희에게 분부한 모든 것을 가르쳐 지키게 하라"(마 28:19-20). 명령은 힘들고 가능성 없다고 포기하는 것이 아니다. 전쟁 중 지휘관이 '돌격 앞으로!'를 외칠 때 무모해 보인다고 그만 둘 수 있는가? 지상명령은 가장 높은 명령이다. 성도가 따라야 할 명령 중에 가장 힘써야 할 명령이다. 그러므로 우리는 언젠가 때가 이르면 거두리라는 믿음을 잃지 말고 지속적으로 전도에 힘써야 한다. 전도는 그 과정이 힘들다 하더라도 전도받는 사람이 일단 마음을 열고 복음을 받아들이면 생명이 살아나는 역사가 일어난다. 한국 대학생선교회(CCC)에서 가르치듯 '전도는 오직 성령 안에서 그리스도를 전하고 그 결과는 하나님께 맡겨야 한다'. 전도는 부끄럽고 망신당하는 문제가 아니다. 생명이 걸린 문제다. 이 세상을 떠나면 결코 돌이킬 수 없는 영원한 생명의 문제다.

어느 한 통계에 따르면 한 사람이 복음을 듣고 회심하기까지 주변에서 권유하는 사람이 평균 여덟 명이라고 한다. 여덟 명의 권면을 받을 때 어느 순간 마음에 결심을 하는 모양이다. 지금 내가 복음을 전했는데 거절했다고 해서 실망할 필요가 없다. 나도 그 여덟 명 중 하나가 되기 때문이다. 그러므로 우리는 낙심하지 말고 꾸준히 전도에 힘써야 한다. '우리가 선을 행하되 낙심하지 말지니 포기하지 아니하면 때가 이르매 거두리라'(갈 6:9).

전도의 유형

그동안 교회와 선교단체들이 해왔던 전도에는 몇 가지 유형이 있다. 직접 대면해서 바로 복음을 전하는 대면전도, 지속적인 관계를 맺으며 접근하는 관계전도, 최근 들어 논의되고 있는 예배를 통한 전도

등이다. 여기서는 각 유형이 가지는 장단점을 생각해 보고 우리 공동체가 지향해 왔던 전도가 어떤 것이며, 이것이 어떻게 첫 번째 핵심가치인 예배와 유기적으로 연관을 갖게 되는지를 생각해 보고자 한다.

대면전도(Confrontational Evangelism)[1]

그동안 많은 선교단체에서 시행해 왔던 방법이다. 사영리, 다리전도, 전도폭발 등이 바로 그것이다. 대면전도는 전도 대상자와 대면하여 복음을 가능한 한 짧은 시간 안에 효과적으로 전하는 것이다. 이것은 빠른 시간 안에 많은 사람들에게 복음을 전할 수 있는 장점이 있다. 그러기에 단기선교 혹은 농촌선교를 갔을 때 효과적으로 사용된다. 대면전도에서 전제하는 것이 있다. 그것은 복음이 그 자체로 힘이 있다는 것이다. 복음전도는 성령의 초자연적 역사하심을 전제한다. 대면전도는 아직 세계 여러 곳에서 효과가 있다. 특히 난생처음 듣는 복음에 대해서 영적 각성이 있는 경우에 그러하다. 우리나라 농어촌 전도에도 여전히 효과적으로 사용된다.

일전에 충남 예산의 한 마을에 복음을 전하러 갔었다. 마을 입구에서 전도대원들이 함께 기도하고 각 가구로 흩어졌다. 나도 전도짝과 함께 전도할 가구를 찾으며 돌아다녔다. 그러다 한 가구를 발견했다. 거기에는 할머니가 홀로 앉아 계셨다. 속으로 생각했다. '할머니에게 전도하기는 쉬울 거야.' 그래서 인기척을 하고 들어갔다. "계세요?" 그런데 갑자기 문 옆에서 굵은 남성의 목소리가 들린다. "누구세요?" 다소 화가 나 있는 목소리다. 앗! 키가 180센티미터가 넘고 인상도 험악한, 나이 많아 보이는 한 청년이 다가온다. 이 청년이 집 안에 있는 것을 미처 보지 못했다. 여유 있던 마음이 사라졌다. 당황했다. 순간 이 사람을 내 전도짝에게 맡기고 나는 전도하기 쉬워 보이는 할머니에게로 갈까 하는 망설임이 들었다. 그러나 잠시 후, 나도 모르게 내 발걸음이 청년에게로 향했다. 나는 인상 때문에 얼굴도 제대로 쳐다보지 못하고 다짜고짜 사영리를 집어 들었다. 간단히 내 소개를 하고 바로 사영리를 펼치고 읽어 내려갔다. 사영리를 전하며 속으로 생각했다. '아마 곧 그만두라고 소리 지르고 쫓아내겠지.' 그런데 이상했다. 청년이 아무 반응도 하지 않고 가만히 서 있었다. 얼굴을 쳐다볼까 했으나 첫인상 때문에 눈을 들지 못했다. 그리고 계속 읽어 내려갔다. 그러다가 구원의 확신을 도전하는 질문에 이르렀다. 영접 기도문을 읽고 전도지의 질문을 따라서 물었다. "이 기도가 마음에 드십니까?" 응답을 기다렸다. 아무 대답이 없었다. 왜 대답이 없을까? 아직 화가 났나? 조심스럽게 고개를 들고 청년의 얼굴을 쳐다보았다. 그런데 놀라운 일이 일어났다. 이 청년의 눈망울에 눈물이 가득 고여 있는 것이다! 깜짝 놀랐다. 그 현장에 성령께서 역사하신 것이었다. 곧바로 이 청년의 손을 잡고 간절히 영접 기도를 드렸다. 그리고 근처의 교회에 나갈 것을 권면하고 나왔다. 하나님의 역사하심에 감사했다. 이처럼 대면전도는 성령의 초자연적인 능력으로 큰 효과를 거둘 수 있다.

그러나 조심스러운 부분도 있다. 대면전도에서 적절치 못한 타이밍과 강압적 태도가 문제가 될 수 있다. 이때 전도자는 종종 자신이 상대방보다 우위에 있다는 인상을 준다. 이런 인상을 받으면 마음을 열기보다는 닫기가 쉽다. 때로는 고압적 자세와 강요하는 자세가 지나쳐 자칫 상대방의 마음에 상처를 줄 수 있다. 그런 사람에게 전도를 받았던 사람은 다음에 전도하기가 더욱 어려워진다. 일단 대립적 접근으로 인해 상처를 받고 나면 복음에 대하여 다시 진지한 경청을 하기가 어려워진다. 그러므로 대면전도 방식에서는 복음을 거부했을 경우의 뒷마무리가 매우 중요하다. 좋은 인상을 남기고 헤어지도록 노력해야 한다.

특히 전에 교회에 다녀 보았지만 현재 신앙생활을 하지 않는 청년들에게는 자신이 요청하지도 않은 상태에서 복음을 갖고 접근하면 저항적이 되기 쉽다. 많은 경우 이들은 교회나 그 메시지에 관해서 이미 충분히 알고 있다고 생각한다. 그리고 그 자리를 거부한다. 이럴 때일수록 강압적 자세를 자제하고 온유함과 겸손으로 나아가야 한다. 요즈음은 시간이 갈수록 대면전도에 대한 거부감 혹은 저항감이 커지는 것 같다.

관계전도(Relational Evangelism)

관계를 통한 전도는 복음을 전하기 이전에 어느 정도 인간적 관계를 형성하여 점진적으로 다가갈 것을 강조한다. 이와 같은 관계전도는 대면전도에서 발생할 수 있는 부작용을 최소화할 수 있다. 《우리 세대를 위한 창의적 전도》[2]는 관계전도에 대해 매우 유익한 도움을 준다. 관계전도는 다음과 같은 장점이 있다. 첫째, 신뢰 관계를 바탕으로 안정감을 줄 수 있다. 이미 친밀함과 신뢰가 형성되어 있기에 상대방의 접근에 마음이 열려 있다. 둘째, 관계를 맺기 위해 함께 시간을 보내면서 전도 대상자에게 자연스럽게 그리스도의 증인으로서의 삶을 보여줄 수 있다. 셋째, 다양한 정황을 함께 겪으면서 그 상황에 적합하게 복음을 적용하며 전할 수 있다.

그러나 관계전도에도 몇 가지 유념할 부분이 있다. 먼저, 전도 대상자와 관계를 맺기까지 시간이 걸린다. 그리고 좋은 신뢰 관계를 형성하기 위해 때로는 많이 인내하여야 한다. 둘째, 이미 교회 안에서 좋은 관계를 맺고 있는 사람의 경우, 불신자들에게 애써 다가가 관계를 맺으려 하지 않는다. 신앙생활을 오래 한 사람일수록 이러한 경향이 있다. 이미 맺은 교회 내의 좋은 관계는 적어도 교회생활 십수 년을 통해 만들고 형성된 관계이다. 서로 이해해 주고 편한 관계이다. 불신자와 새로 관계를 만들어 가기 위해서는 많은 희생과 대가가 따른다. 신앙적으로 생각하지 않기에 사고방식도 다르고 표현방식도 다르다. 관심사도 다르다. 그렇다고 가까이 있는 이웃과의 관계를 회피하면 복음 전할 기회를 잃어버릴 수 있다. 셋째, 관계 형성만 강조하다 보면, 복음을 말로 전할 기회를 갖지 못할 수 있다. 우리가 관계를 형성하면서 기대하는 심리가 있다. '언젠가 내 모습을 보고, 예수님에 대해서 궁금해하는 날이 있겠지.' '언젠가 교회로 가는 날이 있을 거야.' 그러나 어느 결정적인 순간 우리는 말로 복음을 표현해야 한다. 말로 전하지 않고 행동만으로는 결코 보여 줄 수 없다. 마태복음 13장에 씨 뿌리는 비유가 나온다. 거기에 네 가지 다른 토양이 나온다. 길가, 흙이 얇은 돌밭, 가시떨기, 좋은 땅. 그 토양이 좋은 토양인지 아닌지 어떻게 알 수 있는가? 유일한 방법은 씨를 뿌려보는 것이다. 다만 씨를 뿌릴 때 적당한 때 뿌려야 한다. 한겨울에 뿌려서는 열매를 맺을 수 없다. 관계전도의 전제는 씨를 뿌리기 위해 때가 무르익을 때까지 기다리는 것이다. 적당한 때가 이르면 우리는 복음을 말로 표현해야 한다.

예배를 통한 전도(Worship Evangelism)

언뜻 듣기에 예배를 통한 전도라고 하면 열린예배 개념의 친구초청예배 정도를 생각할 수 있다. 친구초청예배를 드릴 때 보통 우리는 어떻게 하는가? 먼저 초청 날짜를 정하고 불신자들을 초청한다. 예배 순서에는 불신자들을 고려해 이들이 부담스럽지 않도록 배려한다. 죄에 대한 이야기를 피한다. 오히려 불신자들에게 교훈적인 좋은 이야기를 해준다. 교회에 호감을 갖도록 멋진 드라마와 공연을 준비한다. 그래서 이들에게 교회가 다시 오기에 부담스럽지 않고, 지루하지 않다는 것을 보여 주려고 애쓴다. 열린예배 개념의 친구초청예배는 불신자의 입장을 많이 배려한다.

그러나 예배를 통한 전도는 오히려 정반대다. 예배를 예배답게 드린다. 진지한 예배를 드린다. 찬양도 열정적으로 한다. 설교 시간을 통해 인간에게 내재한 죄의 문제를 다룬다. 하나님 앞에 자신의 죄를 안타까워하며 회개한다. 예배를 통한 전도는 예배가 예배다워질 때 전도가 일어난다고 전제한다. 불신자들이 교회에 오는 것은 좋은 관람을 보러 오는 것도, 교회가 지루하지 않다는 것을 확인하러 오는 것도 아니다. 이들은 살아 계신 하나님의 실재를 경험하고 싶어 한다. 다른 사람 앞에서는 꽁꽁 숨기고 있지만 밤이면 혼자 고통스럽게 씨름하는 죄의 문제를 해결받고 싶어 한다.

불신자는 하나님의 임재가 있는 예배를 보고 감동한다. 그리고 자신도 예배자로 변화된다. 진지한 예배 가운데 복음전도와 부흥의 역사가 일어난다. 궁극적으로 말하자면 우리는 예배드리기 위해 구원받았다. 왜 세상 끝까지 전도해야 하는가? 모든 민족이 우상을 버리고 하나님께로 돌아와, 온 세상을 다스리시는 하나님께 예배드리도록 하기 위해서다. 전도의 궁극은 예배에 있는 것이다.[3]

'예배를 통한 전도'라는 용어는 샐리 모갠쌀러의 책《이것이 예배다》[4]에서 빌려 온 용어이다. 저자는 이 책에서 예배가 예배다워질 때 복음전도가 일어난다고 주장한다. 예배 가운데 하나님을 경험한 사람들이 자신 안에 있는 생명의 감격을 이웃과 나눈다. 그리고 하나님의 임재가 있는 예배에 불신자들을 초청한다. 단지 불신자들을 격려하고 교훈적인 메시지로 그들이 교회와 신앙에 대하여 긍정적인 감정을 형성하게 하기 위해서가 아니다. 불신자들로 하여금 생명의 근원 되는 하나님을 경험하게 하기 위해서이다. 예배는 복음전도를 가능하게 하는 원동력이다. 예배는 복음전도를 하게 만들지만, 복음전도만으로 예배가 일어나는 것은 아니다.

불신자들이 초청을 받고 교회에 와서 역동적인 예배를 경험할 때 두 가지 일이 일어난다. 먼저 하나님에 관한 진리를 진지하게 듣는다. 그리고 교회에서 예배드리는 사람들 가운데 일어나는 일을 관찰한다. 신령과 진정으로 예배드리는 회중들이 하나님과 진실한 관계를 맺는 모습을 본다. 불신자의 입장에서는 호기심이 일어난다. 저들이 저렇게 간절히 신에게 외치는 것은 결코 허공에 대고 하는 것이 아니다. 무언가 있지 않을까? 진리에 민감한 호기심을 갖기 시작한다. 그리고 진리 안으로 들어오는 일들이 일어난다. 예배가 살아 있을 때 불신자가 변화된다.

예배가 살아 있는 교회는 전도가 활발하다. 왜? 내가 경험한 영적 진리와 기쁨을 믿지 않는 친구에게도 경험하게 해주고 싶기 때문이다. 반면, 예배가 생기 없고 형식적인 경우, 아무리 목소리 높여 전도를 외쳐도 전도가 잘되지 않는다. 믿지 않는 친구를 데려와서 무엇하겠는가? 하나님을 느끼지도 못하고, 생기 없는 분위기에 졸음만 그득한 채로 앉아 있을 것이 뻔히 보이는 것을.

한편, 예배를 통한 전도는 관계전도와 대면전도를 무시하지 않는다. 오히려 이 두 가지를 모두 포괄한다. 참된 예배자는 끊임없이 삶의 현장으로 나아가 이웃과 관계를 맺고 이 관계를 통하여 전도에 힘쓴다. 예배를 통한 감격이 솟구치면 청년들은 종종 거리로 나가서라도 복음을 전하고자 하는 충동을 느낀다. 그래서 우리 청년들은 해마다 학기 초면 캠퍼스로, 거리로, 직장으로 나아가 대면전도를 하기도 한다. 이것이 열매를 맺는 경우도 종종 있다. 현재 우리 찬양팀에서 악기 연주로 봉사하는 한 형제가 바로 이런 경우였다. 길가다가 우연히 받은 전도지로 교회를 찾아 온 경우였다.

한 가지 중요하게 고려해야 할 것은 대면전도나 관계전도는 예배가 뒷받침되지 않으면 그 힘을 잃는다는 것이다. 대면전도를 통해 전도된 경우, 누군가가 즉각적인 결심을 하여 교회에 나왔더라도, 예배에서 살아 있는 영적 실체에 대한 무엇인가를 발견하지 못하면 결국 교회를 떠난다. 소문만 그럴듯했지 별것 없다고 하면서 말이다.

모갠쌀러에 의하면 불신자가 하나님을 체험하도록 도우려면 예배에 네 가지 특징이 필요하다. 그것은 친밀감, 지식, 자발성, 상호작용이다. 이것을 청년사역과 연관하여 말하자면 다음과 같을 것이다.

▪ 친밀감: 하나님의 임재에 대한 의식을 말한다. 처음 교회에 온 사람의 경우, 하나님의 임재 앞에 여기에 무언가 특별한 것이 있다는

강렬한 느낌을 갖는다.

■ **지식**: 그리스도가 중심이 된 예배. 예배는 원색적인 복음이 살아 있어야 한다. 그리스도의 피 묻은 복음이 선포되어야 한다. 단순히 바른 생활을 가르쳐 주는 곳이 아니다. 죄에 대한 지적이 있어야 한다. 위로도 있어야 하지만, 십자가를 지고 예수님을 따르라는 도전이 있어야 한다.

■ **자발성**: 하나님께 열려 있는 태도이다. 찬양을 시작하면서 수동적으로 가만히 있지 않는다. 하나님의 임재를 사모하며 적극적으로 찬양과 기도로 하나님 앞에 반응하며 나아가려 힘쓴다.

■ **상호작용**: 하나님, 타인과 관계 형성. 예배를 통한 하나님과의 의미 있는 관계를 교회 공동체 안의 다른 형제자매들에게로 확장시킨다. 이 가운데 그리스도의 아름다운 형상이 드러나도록 한다.

길목 전도

길목 전도란 예배를 통해 일어나는 청년들이 각자 삶의 현장에서 주변의 청년들이 이동하는 길목에서 이들을 만나 구체적으로 예배에 초대하고 전도하는 움직임을 총체적으로 일컫는 말이다. 예배를 통해 청년들의 삶이 변하고 가슴이 뜨거워지면 이들은 청년들이 움직이는 이동경로의 길목을 지키고 그곳에서 전도한다. 예배 전도가 길목 전도로 자연스럽게 이어지는 것이다. 청년사역자는 길목을 구체적으로 잘 모른다. 그러나 청년들은 길목을 잘 알고 있다. 그리고 접촉하는 데도 능수능란하다. 여기서의 길목은 온라인 오프라인을 모두 포함한다. 올 라인(all-line)에서의 골목이다.

직장에서, 캠퍼스에서 이들은 새롭게 드나드는 지인들을 만나고 접촉하며 예배의 현장으로 초대한다. 신입생과 만나 이야기를 나누고 신입사원들과 활발히 접촉하며 교회로 초대한다. 가슴에 예배의 불이 있는 청년들은 이런 이들에게 다가가 "와서 예배 한 번 드려 보라"는 말을 자신도 모르게 한다. 이는 인터넷 가상공간과 SNS에서도 마찬가지다. 이들은 젊은이들이 드나드는 사이버 공간의 길목을 예의 주시한다. 인터넷에서 교회를 찾는 질문에 대한 댓글들을 보면 이단들의 거짓 정보들이 꽤 많이 있다. 그런데 은혜를 받은 청년들은 시간이 될 때마다 이런 거짓 정보들을 압도할 정도로 자신이 다니는 건강한 교회 자랑을 하고, 자신이 다니는 교회의 청년예배로 초대한다. 그리고 자신의 교회와 예배를 자랑한다. 유튜브에 공동체에 관한 재미있는 영상들을 올리며 지인들의 관심을 끈다.

공동체가 커가고 구성원이 다양해질수록 전도하는 길목이 다양해지고 이런 골목에 접근하는 방식도 창의적이 된다. 이런 길목전도는 공동체와 예배에 대한 자부심과 확신이 들기 시작할 때 본격적으로 일어난다. 만약 예배의 동력이 확보되지 않은 상태로 길목 전도만을 추진하다 보면 청년들은 쉽게 지치고 그렇게 큰 효과도 거두지 못한다.

생생 전도체험기

지난 사역을 돌아볼 때 우리 청년공동체가 추구했던 전도는 '예배를 통한 전도'였다. 예배 가운데 하나님을 경험하자, 자발적으로 동기가 부여되어 주변의 아는 친구들을 데려오기 시작했다. 이들은 사영리나 전도폭발 같은 프로그램으로 훈련받지 않았다. 복음에 대해 조리 있게 잘 설명하지도 못한다. 그러나 그 안에는 하나님을 사랑하는 마음이 불붙어 있다. 하나님의 임재가 있는 예배로 친구의 손을 잡아끌고 와야 한다는 긴급함이 있다. 마치 좋은 음식점에서 맛있는 요리를 먹고 나서 친구를 데려오고 싶어 하는 것과 같다. 다짜고짜 친구에게 주일에 시간 있냐고 물어보고는 손을 잡고 교회로 끌고 온다. 교회를 자랑하고 싶어 한다. 그래서 교회에서는 거의 매주 끊임없이 새가족이 몰려온다. 친구의 손을 잡고, 그리고 친구 손에 잡혀 왔던 친구가 예배를 경험하고 또 다른 친구의 손을 끌고 온다. 어떤 지체는 한 학기 중에 열두 명을 데려오기도 했다.

우리 교회에는 불신 가정에서 홀로 신앙생활을 하며 오랫동안 가족의 구원을 위해 기도하던 자매가 있다. 이 자매에게는 오빠가 있었다. 그동안 오빠의 구원을 위해 계속해서 기도해 왔다. 어느 주일 오빠의 손을 붙잡고 청년예배에 왔다. 이 청년은 동생의 손에 이끌려 예배에 나왔다가, 얼마 되지 않아 예배 가운데 하나님의 임재를 경험하였다. 그동안 고수하던 세상에서의 방탕한 생활을 청산한 그는 여러 명을 교회로 전도하였다. 이와 같은 간증이 우리 공동체에는 많이 있다. 우리가 예배에서 새가족을 유별나게 환영하는 것도 아니다. 초신자가 당황하지 않도록 특별히 배려하는 것도 아니다. 오히려 초신자가 어리둥절하고 당황할 정도로 찬양을 열정적으로 부른다. 기도도 뜨겁게 한다. 설교 때 죄에 관한 문제도 서슴없이 지적한다. 오히려 날카롭게 도려낸다는 표현이 적당할 것이다. 그런데 청년들이 손에 손을 잡고 계속해서 전도해 온다. 그리고 전도된 친구는 서서히 예배자로 변화된다.

열린예배에서 원색적인 친구초청예배로

청년공동체에서는 해마다 3월 말쯤 친구초청예배를 기획하여 드린다. 이곳 부임 후 첫째와 둘째 해에는 열린예배 개념을 많이 도입하였다. 그래서 드라마, 찬양, 뮤지컬 등등 여러 가지 공연들을 준비하였다. 그러나 그다지 큰 호응이 없었던 것 같았다. 미디어의 영향 때문인지, 회중들은 프로가 아닌 어설픈 아마추어 실력에 그다지 감동하지 않는 것 같다. 친구초청예배를 정말 프로처럼 기획하지 않을 것이면 안 하는 것이 낫다는 생각을 하였다.

그래서 세 번째 해에는 친구초청예배를 정공법으로 바꾸었다. 무슨 말인가? 더 이상 새가족을 편안하게 할 의도로 예배를 드리지 않았다는 것이다. 오히려 우리의 예배를 받으시는 하나님께 초점을 맞추었다. 기존에 드리던 예배처럼 진지하게 드렸다. 아니 다른 때보다 더 진지하게 드렸다. 예배 때 선포된 메시지는 '죄'에 관한 것이었다. 말씀 앞에 죄인인 우리의 실체를 벗겨 냈다. 그리고 메시지 후에는 진지하게 찬양하고 우리를 불쌍히 여겨 달라고 기도하였다. 통곡하며 기도하였다. 불신자들이 놀라서 도망갔을까? 아니다. 오히려 마음에 찔림을 받고 하나님의 임재를 경험하였다. 예배 후 교회에 처음 온 새가족과 인사를 할 때 한 분이 감격하여 말했다. "오늘 제가, 친구들이 말하는 '은혜'라는 것을 받은 것 같아요. 감사합니다!" 예배의 초점을 친구에서 하나님으로 바꿀 때 친구들이 하나님의 임재를 경험하는 역사가 일어났다.

친구초청예배가 전도만이 아니라 정착까지 이어지는 효과적인 행사가 되려면 이들을 맞이하는 청년 공동체가 매력적이어야 한다. 공동체의 매력은 어디서 오는가? 은혜에서 온다. 청년들이 은혜를 받고 삶이 변화될 때 이들은 자신들의 공동체와 소그룹으로 오는 이들을 진심으로 환영하며, 풍성한 삶의 은혜를 나눈다. 하지만 공동체가 은혜의 매력을 풍기지 못한 채 친구초청예배만을 화려하게 하면 예배 때 잠시 방문만 할 뿐, 공동체에 뿌리내리지는 못한다. 청년사역자는 친구를 초청하며 공동체를 매력적으로 가꾸어 나갈 필요가 있다.

하계선교활동(하선활)

하계선교활동은 대면전도에 속하는 전도 영역이다. 그러나 일회성 행사로 그치는 것이 아니라 적어도 3년 이상의 장기적인 활동을 고려한다면 관계전도 영역에도 포함된다. 여름에 있는 하계선교활동을 통하여 청년들은 복음에 대해 새롭게 도전받고 보람을 느낀다.

여름 행사의 새로운 틀

청년사역에서 여름 행사는 가장 크고 비중 있는 행사라 할 수 있다. 여름 행사를 잘 치러 내면 하반기의 사역이 더욱 탄력을 받는다. 그동안 청년공동체 여름 행사는 일정한 틀이 잡혀 있지 않았다. 수련회를 가기도 했고, 제주도로 단기 선교를 다녀오기도 했다. 선교단체에서 주관하는 전국 규모의 수련회에 참여하기도 했다. 행사를 치를 때는 좋았지만 일관성이 없었다. 일회성 행사가 대부분이었다. 지속

적인 틀이 필요했다. 어느 해 여름부터 청년공동체는 '하계선교활동'
(줄여서 '하선활'로 부른다)으로 명명하여 농촌선교활동에 집중했다. 적
절한 후보 지역을 물색하던 중 충북 청원군의 한 지역을 선정하였다.
지역 주민들을 위해 땀 흘려 봉사하고 섬기며 직접 복음을 전하는 하
선활의 경험은 청년들에게 생생한 감동으로 남는다. 처음에는 한 교
회를 갔었는데 이제는 지역을 넓혀 그 일대의 네다섯 교회로 확대해
나가고 있다. 이 기간 동안 이 지역 일대의 교회 예닐곱 교회학교를
묶어 연합으로 성경학교를 진행하기도 한다.

매해 동일한 지역으로 지속적으로 갔더니 3년째 접어들어서는 선
교적 효과가 상당히 나타났다. 현지 교회의 한 목사님께서는 만약 홀
로 감당했더라면 몇 년이 더 걸렸을 선교 사역 기간이, 청년들이 여름
며칠 동안에 와 줌으로써 많이 단축되었다며 감사해하셨다. 그곳 이
장님은 신앙이 없었는데 마음 문이 열렸고 청년들이 3년째 방문한 후
에 교회에 나가셨다고 한다. 그곳 마을 주민 모두가 청년들이 오는 것
을 무척이나 환영하였다.

• 하계선교활동 준비 자료

항목	점검사항	내용
도배	몇 가정 정도 원하는지? 도배지, 풀 구입은 어떻게 조달하나 몇 명 정도 투입하여 하루에 몇 건 정도? 도배장소 지역 위치 파악 도배장소 규모 파악 사역 교통수단 및 식사	9-10가정(하루에 3가정) 노동사역 식사 제공(마을)-점심
고추수확	고추수확 장소는? 고추수확 장소 위치 파악 및 규모 파악 필요한 인원수 필요한 농기구 유무(호미, 삽, 장갑 등) 사역 교통수단 및 식사	 마을에서 준비 노동사역 식사 제공(마을)-점심
담배수확	담배수확 장소는? 담배수확 장소 위치 파악 및 규모 파악 필요한 인원수 필요한 농기구 유무(삽, 낫, 장갑 등) 사역 교통수단 및 식사	 마을에서 준비 노동사역 식사 제공(마을)-점심
비닐하우스 작업	비닐하우스 장소는? 비닐하우스 장소 위치 파악 및 규모 파악 필요한 인원수 필요한 농기구 유무(호미, 낫, 장갑 등) 사역 교통수단 및 식사	 마을에서 준비 노동사역 식사 제공(마을)-점심
영정사진	인근 사역에 피해가 가지는 않는지? 최근(5년간) 촬영한 사진들의 소유 여부 현상소 확인 대상자 파악 및 가구 위치파악 사진 찍을 장소 사역 교통수단	20명 안팎 노인정 스타렉스, 봉고

의료봉사	진료장소(실내)
	진료받으실 분 예상 인원
	매트리스, 책상, 의자 등 필요한지 확인
	교회에서 필요한 의약품이 있다면
	의료활동이 인근 병원(보건소)에 좋지 않은
	   영향을 미치지는 않는지의 여부
	특별한 질병으로 고생하시는 분이
	   계시는지
	의료봉사시 마을 교통수단
	의료사역시 기다리시는 분을 위한
	   대책방안
	의료봉사시 바라는 점
		마을회관
		
		마을에서 준비
		
		보건소 가까이 있음
		
		봉고차, 트럭
		4영리를 전함

여름성경 학교	성경학교 학생들의 인원수 학생들의 연령분포 및 성별 파악 어떤 방향의 공과나 프로그램을 인도하면 좋을지? 성경학교 장소는? 성경학교 식사문제 성경학교 티셔츠 성경학교 어린이 교통수단 성경학교에 필요한 악기 및 OHP 사용 시설	○○교회 : 20명 유치부-초등학교 6학년 ○○교회(○○○ 전도사) ○○교회(○○○ 전도사) ○○교회 ○○○○교회 없음 봉고차 및 스타렉스 신디사이저, 기타, OHP
마을잔치	마을잔치 장소 수요예배를 드리실 것인지. 천막, 테이블, 의자, 전등 대여 여부 마을잔치 대상자 연령 및 인원 점검 인근 근처에 필요한 전기시설 마을잔치 시간	○○교회 수요예배드림, 예배 같이 참석 마을에서 준비 마을주민 모두 화요일 저녁 8-10시
노방전도	마을 가구수 파악 믿지 않는 가정 리스트와 위치 파악 그 밖에 미리 알아두어야 할 사항 노방전도시 유의사항	
이용봉사	이용봉사 장소 필요한 인원 필요한 장비	노인정

하계선교활동의 실제

우리가 실천했던 하계선교활동은 전체적으로 다음과 같은 특징을 갖는다.

먼저, 하계선교활동 중 첫째 날과 둘째 날 저녁에는 한 교회에 모여서 전체 집회를 갖는다. 집회는 낮 동안의 힘든 사역으로 지쳐 있는 청년들의 몸과 마음에 새 힘을 주며, 여름 이후 하반기에 나아갈 신앙의 방향을 제시하는 데 도움을 준다.

둘째와 셋째 날 저녁에는 각 마을별로 마을잔치를 한다. 마을잔치는 지난 사흘간의 노력봉사를 통해 관계를 맺은 마을주민들을 초청하여 벌이는 복음잔치이다. 이때 준비한 공연을 보여 드리고 복음을 전하면 마을 사람들은 청년들의 봉사와 수고에 마음을 열고 복음을 받아들인다. 한번은 마을잔치에 동네 이장님이 나오셔서 동네 주민들에게 감동적인 일장 연설을 하기도 하였다. "내 나이 칠십 평생에 무엇인가를 받으려고만 살았지, 이렇게 내어 주며 산다는 것은 생각하지도 못했습니다. 그동안 나는 교회가 자기네들끼리만 모여서 좋은 것 있으면 나눠 갖는 곳인 줄 알았는데 그렇지 않다는 것을 알게 되었어요. 이렇게 교회 사람들이 좋고 교회가 좋은데 여러분, 교회 열심히 나가세요." 이 연설에 마을 주민 모두가 감동하였다. 그러나 말할 것도 없이 더 감동받은 쪽은 우리 청년들이었다.

하선활의 구체적인 내용은 다음과 같다.

▪ **구보**: 하선활에서 아침 운동은 필수적이다. 그렇지 않고는 아침에 몰려오는 피곤을 쉽게 쫓아낼 수 없다. 운동을 하지 않으면 깨워도

저 구석 어딘가로 숨어들어가 잠자는 청년들이 생긴다. 약간의 땀을 흘릴 정도의 아침 운동으로 사역을 활기 있게 시작하도록 준비한다.

■ **노동사역**: 마을 주민들의 모자란 일손을 돕는 사역이다. 첫날을 제외하고는 각 마을 교회 새벽기도 시간에 일어나 오전 7시에는 사역을 나갈 수 있도록 식사를 마치고 준비한다.

■ **도배**: 하선활을 떠나기 전에 미리 도배팀을 구성하여 교인 중 도배 전문가에게 도배특강을 받는다.

■ **특화사역**: 각 마을의 필요에 따라 이·미용 봉사, 영정사진 촬영, 의료봉사 등을 준비한다.

■ **집회**: 저녁 집회를 통해 낮 시간 동안 쌓인 사역의 피로를 풀고 새 힘을 얻는다. 마을 중심에 위치한 가장 큰 교회를 빌려 집회를 갖는다. 이때는 모든 청년이 오후 사역을 마무리하고 집회 장소에 모인다. 해마다 하선활의 주제를 다르게 잡고 말씀을 전하였다.

■ **가자! 계곡으로**: 모든 봉사활동을 마치고 그동안의 피로 회복과 전체 단합을 위해 계곡물에 발을 담근다. 하선활 모든 봉사가 끝나기 전까지 물놀이와 노는 시간은 일체 허용하지 않는다. 자칫 봉사하러 온 목적이 퇴색될 수 있기 때문이다.

하계선교활동을 위한 제언

하계선교활동 때 새롭게 사역을 시작한 마을이 있었다. 그 마을은 지난해에 선교하러 갔던 마을의 옆 마을이었다. 지난해에는 그쪽 마을에 간접적으로 노동인력 지원만 했었다. 그렇게 지원만 했던 이유 중 하나는 그 마을에 곧 서울의 한 교회에서 하계선교활동을 올 예정이기 때문이었다. 서울의 꽤 규모가 큰 교회의 청년부에서 대대적인 활동을 계획하고 그 마을로 온다고 들었다. 그런데 이듬해에는 그 교회에서 다시 이 마을로 오지 않았다. 이 사실을 확인하고 우리 교회 청년들이 그 마을로 선교활동을 갔다. 그런데 이상하게도 주민들의 반응이 미온적이었다. 나중에 알고 보니 몇 가지 이유가 있었다.

첫째, 이전 해에 왔던 교회 청년부에서는 봉사활동을 와서 농사 노동력을 제공한다고 했지만 마을 주민들이 원하는 방식으로 제공하지 않았다. 여름철에 농사일은 해가 뜨기 전부터 시작한다. 그런데 전에 왔던 교회 청년부에서는 농사일 도와준다고 해놓고서 9시가 넘고 10시가 다 되어서 농사일 하겠다고 왔다. 그나마 일이라도 열심히 잘했으면 좋았겠는데 10시가 넘어 햇볕이 내리쬐자 땡볕 아래서 일하다가 그만 세 명이 쓰러지는 사태가 발생했다. 이 장면을 보고 이 지역 주민들이 청년들이 와서 봉사한다는 것에 버럭 겁부터 먹게 되었다. 우리 자식 귀한데 남의 자식도 귀한 것은 마찬가지라며 한사코 청년들이 도와준다는 것을 꺼리게 된 것이다. 둘째, 봉사의 끝마무리가 부실했다. 일한다고 해놓고서 일터 주변을 어질러 놓고 마무리를 제대로 하지 못한 모양이다. 당연히 어르신들의 불평을 샀다. 셋째, 지속적이지 않았다. 아마도 이 교회에서는 하계선교활동을 일회성 행사로 진행했던 모양이다. 어떤 교회는 한 해 건너 2년에 한 번씩 가기도 한다.

하계선교활동을 할 것이면 선교 효과가 지속적으로 나타날 때까지 매년 계속해서 가야 한다. 그래야 주민들도 마음 문을 빨리 열고 효과도 지속적으로 나타난다. 그리고 이왕 선교활동을 하려면 가능한 한 그분들이 원하는 것을 해주는 것이 좋다. 우리 청년공동체의 경우, 새벽 4시 30분에 일어나 새벽기도를 드리고, 오전 6시 40분까지는 식사를 모두 마치고 7시 이전에 사역을 나갈 준비를 완료했었다. 또한 일을 하고 나서 뒷마무리를 철저하게 하도록 했다. 쓰레기 정리는 기본적인 것이다. 너무 기본적인 것이라고 생각하는가? 그러나 의외로 뒷마무리를 허술하게 하여 주민들의 원성을 사게 되는 경우가 많다.

4.

양육(Education): 양육에 대한 고정관념을 버리라

양육을 어떻게 정의할 것인가?

양육에 대한 오해

'양육'이라고 하면 흔히 단계별로 정교하게 조직되어 있는 성경공부 체계(system)를 생각한다. 이 체계 안에서 각 과정을 단계별로 착실하게 밟아 가면 성숙해지고 변화할 것이라고 기대한다. 이러한 접근은 서구에서 시작된 선교단체들이 주로 취하는 방식이다. 네비게이토, CCC, IVF 등 선교단체들은 매우 정교하고 단계적인 성경공부 체계를 갖고 있다. 이런 노력 이면에는 체계적으로 각 단계의 성경공부를 밟아 나가면 신앙의 성숙이 이루어진다는 암묵적인 전제가 들어 있다. 반대로 이런 단계적인 성경공부 프로그램을 갖지 못한다면 영적으로 덜 성숙한 것으로 오해할 위험성이 있다. 현실적으로 우리나라의 많은 교회는 단계적인 성경공부 체계를 갖추지 못하고 있다. 이러한 단계적인 양육 체계를 갖추지 못했다고 성숙한 성도로 양육시킬 수 없다고 할 수 있을까? 체계적인 양육 단계를 밟지 못한 성도는 미성숙한 신앙을 갖고 있다고 말할 수 있을까? 결코 그렇지 않다. 체계적인 양육에 대한 이러한 생각은 양육의 지식적 측면을 강조했기에 생길 수 있는 오해다. 우리 신앙의 선조들은 체계적인 성경공부 덕분에 눈물과 고난 가운데서도 주님만 붙잡고 헌신한 것이 아니다. 체계적인 양육 때문에 담대하게 순교한 것이 아니었다.

양육에서 지식적 측면만 강조하면 성경공부 시간이 그야말로 성경 지식만을 배우는 시간이 될 수 있다. 이런 성경공부를 인도하는 양육자는 많은 지식과 정보를 쉴 새 없이 말해 주는 사람에 불과하다고 할 수 있을 것이다. 그러나 많은 청년들이 이런 양육자 앞에서 흥미를 잃는다. 많은 지식만으로는 결코 양육받는 사람들을 감동시키지 못한다. 지식은 양육의 핵심이 아니다. 지식은 서로의 삶을 돌아보고 나누도록 촉진하며 서로의 삶에 변화를 촉구하고 자극하는 매개체가 될 수 있지만 결코 그 자체가 양육의 절대적인 요소는 아니다.

양육에 대한 동·서양의 시각 차이

양육과 성숙을 지식적인 측면에서만 바라보고 체계화하는 데에는 서구적 사고방식의 영향이 강하게 작용한다. 현재 미시간 대학교 심리학과 교수로 재직 중인 리처드 니스벳(Richard E. Nisbett)은 그의 책 《생각의 지도》에서 동·서양의 사고방식이 어떤 차이를 만들어 내는지를 잘 보여 주고 있다.[1] 니스벳 교수에 따르면 서구적 사고의 특징은 모든 사물을 분석하여 그 본질(essence)을 밝히고 이것을 범주화

(categorize)하는 데 있다. 서구 사유 방식의 초석을 놓은 철학자라 할
수 있는 데모크리토스는 이 세상을 이루고 있는 가장 작은 단위를 분
자로 분석했다. 분석의 초점은 사물 자체를 구성하는 요소들의 본질
적 속성을 규정하는 데 있다. 데모크리토스는 사물의 개별적 구성 요
소 자체에 관심이 많은 반면, 한 사물이 그 외의 다른 사물과 어떤 조
화로운 관계를 이루는지에 대한 관심이 없었다. 이러한 데모크리토스
의 분석적 사고방식을 이어 플라톤은 사물의 본질적인 부분을 이데아
(idea)로 규정하였다. 현실은 단지 이데아를 모방한 것일 뿐이다. 중
요한 것은 사물 안에 들어 있는 이데아의 속성을 밝히는 것이다. 플
라톤의 제자였던 아리스토텔레스는 이러한 본질을 공유하고 있는 사
물들을 분류하여 그의 책 《범주론》(Categories)에서 상세하게 구분해
놓는다. 이러한 서양의 분석적 사고방식은 일련의 단계로 체계화하
여 설명할 수 있는데, 니스벳 교수는 다음과 같은 과정으로 정리한다.

> 첫째, 사물의 속성 자체에 주의를 기울이고
> 둘째, 그 속성에 근거하여 범주화하고
> 셋째, 그 범주들을 사용해 어떤 규칙을 만들어
> 넷째, 사물들의 움직임을 그 규칙으로 설명한다.[2]

이러한 사고방식은 서구 문명을 이룩하는 기반이 되었다. 서구
의 학문 방식도 이런 일련의 과정을 체계화하는 과정과 관련이 깊다.
신앙의 양육과정에서도 마찬가지다. 서구에서 나온 체계적인 양육과
정 프로그램들을 보면, 일련의 서구적 사고방식 과정을 그대로 적용

하였음을 알 수 있다. 서구 기독교 단체들의 양육과정을 정리하면 다음과 같다.

> 첫째, 신앙의 속성과 성숙의 요소에 대하여 주의를 기울이고
> 둘째, 그 속성을 말씀에 근거하여 범주화하였고
> 셋째, 그 범주들을 사용해 일련의 체계화된 신앙규칙 혹은 단계들을 세웠고
> 넷째, 신앙의 현 상태와 이상적인 모습을 그 체계로 설명한다.

영미권에서 나온 신앙 양육 교재들은 대부분 이러한 관점에서 제작되었기에 첫 단계부터 끝 단계까지 매우 정교한 체계로 구성되어 있다. 그리고 이 과정을 다 마치면 그다음 과정으로 지도자 단계를 밟도록 한다. 그러나 지도자 단계까지 밟았다고 해서 그 사람이 성숙한 사람이라고 할 수 있을까? 진지하게 생각해 볼 필요가 있다.

성경에는 하나님께서 지도자를 세우시기 위해서 단계별 성경공부를 시도하셨다는 기록이 없다. 모든 지도자를 일률적인 원칙으로 훈련시키지 않으셨다. 하나님께서는 각 사람의 형편과 처지에 맞게 변화무쌍한 프로그램으로 그 지도자를 훈련시키셨다. 하나님께서 지도자를 훈련시키실 때 초점을 맞추었던 것은 그 지도자의 지적 능력이 아니었다. 성경 상식이 아니었다. 초점은 하나님과의 관계였다. 얼마나 하나님과의 관계 속에서 충실한지를 우선적으로 보셨다. 이때 중요하게 강조되는 것이 '순종'이다. 순종은 관계적인 용어이다. 지식으로는 결코 순종을 배울 수 없다. 순종은 하나님과의 관계 가운데 신

뢰를 통해 배워 가는 것이다.

신앙의 성숙을 위해 관계적인 측면을 강조하는 것은 신약에서도 마찬가지이다. 성도들이라면 누구나 바라는 '성령의 열매'에 대해 생각해 보자. 모든 그리스도인이 신앙생활을 하며 성령의 열매를 맺기 위하여 기도하며 애쓰고 있다. 성령의 열매는 무엇인가? 갈라디아서에는 다음과 같이 나온다.

> 오직 성령의 열매는 사랑과 희락과 화평과 오래 참음과 자비와 양선과 충성과 온유와 절제니 이 같은 것을 금지할 법이 없느니라(갈 5:22-23).

각 덕목 하나하나를 생각해 보라. 어느 덕목도 홀로 외딴 곳에 떨어져 열매 맺을 수 없다. 왜냐하면 각 덕목 모두 관계적인 용어이기 때문이다. 사랑을 생각해 보라. 혼자 사랑할 수 있는가? 대상 없이 사랑하려는 사람을 우리는 정신병자라 부른다. 희락의 경우, 하나님은 슬퍼하시는데 나 홀로 기뻐할 수 있는가? 이것은 패역한 심령이다. 그 밖의 덕목들도 마찬가지이다. 화평, 오래 참음, 자비, 양선, 충성, 온유, 절제 모두 관계적인 용어들이다. 다시 말하자면, 성령의 열매는 아름다운 관계 가운데 맺어 갈 수 있다. 성경에서는 신앙의 성숙을 결코 지적인 지식으로 정의하지 않는다. 오히려 관계적, 체험적 지식을 강조한다. 이처럼 성경에서 말하는 성숙은 관계적인 측면이 매우 강하다.

이러한 관계 중심의 사고방식은 니스벳 교수가 주장하는 동양적

4. 양육(Education): 양육에 대한 고정관념을 버리라

사고방식과 매우 긴밀한 연관성을 보여 준다. 동양적 사고방식에서는 인간을 사회적이고 상호의존적인 존재로 본다. 한자로 사람 '인'(人) 자를 보라. 두 개의 막대기가 서로 의존하고 있지 않는가? 동양적 사유에서 사람은 서로 의존하는 존재로 정의할 수 있다. 동양철학은 서양철학에서처럼 신의 존재를 증명하려고 하지 않는다. 이미 하늘[天]이 있다는 것을 기본적으로 전제한다. 더 중요하게 관심을 갖는 것은 '이 하늘과 어떻게 하면 좋은 관계를 맺어갈 것인가'이다. 이처럼 동양적 사고방식은 부분이 아니라 전체의 상호 유기적인 관계에 집중한다. 동·서양 사람들이 사진을 찍는 모습을 보면 이러한 특성이 잘 드러난다. 사진을 찍을 때 보면 한국 사람들은 꼭 자기 모습이 사진 안에 들어가도록 한다. 아무리 좋은 경치라도 내가 그곳에 왔다는 것을 사진에 담아야 한다. 그 배경만 찍는 것은 불필요하게 느껴진다. 항상 내가 그 배경과 함께 사진 안에 있어야 한다. 그러나 서양 사람들은 자신이 배경과 함께 사진 안에 들어가는 것에 별로 신경 쓰지 않는다. 오히려 자신의 모습을 배제하고 자연풍경만을 찍는 것에 만족한다. 이는 동·서양의 사유 차이를 잘 보여 주는 한 예다. 한국 사람은 자연과 자신과의 관계를 강조하고, 서양 사람은 자연 자체에만 초점을 맞추는 것이다.

서구적 사유방식에 근거한 단계별 양육은 나름대로 장점이 있겠으나, 분석적 사고의 틀 안에서 부딪칠 수 있는 어려움이 있다. 그것은 신앙이라는 것을 아무리 많은 단계로 분석하고 체계를 세운다 하더라도 그 체계 안에 모두 담을 수는 없다는 것이다. 신앙은 하나님과의 관계를 전제하는 것이기에 근본적으로 역설적이고 모순적인 요소를 포함하고 있다. 우리의 이해로 세운 체계 안에 하나님을 담기에 하나님은 너무도 크고 신비로운 분이시다. 때로 우리의 삶 가운데 이해할 수 없는 모순적이고 역설적인 상황이 펼쳐질 때가 있다. 이때 단계별 양육 체계는 우리에게 혼란을 가져다준다. 왜? 그 체계에 따르면 하나님은 반드시 그렇게 하셔야 하기 때문이다. 그러나 하나님은 인간의 명제에 얽매이거나 속박되지 않는 자유롭고 주도적인 주권을 가지신 분이시다.

신앙의 모순과 역설을 받아들이는 데 동양적 사고방식이 적절한 면이 많다. 서양 사람들은 논리에 모순이 있으면 논쟁을 벌인다. 그러나 동양 사람들은 관계가 손상될 것 같으면 논리를 포기하고서라도 관계에 중점을 둔다. 부분의 논리를 포기하고 전체의 조화로운 관계를 보는 것이다. 동양적 사유는 관계를 우선적으로 여기는 가운데 모순과 역설을 수용한다. 동양 사람에게는 서양 사람들과는 달리 서로 모순인 두 정서를 동시에 경험하는 신비로운 정서가 존재한다.[3] 이러한 면에서 공자가 '사람은 가장 행복하다고 느끼는 바로 그 순간, 슬픔을 동시에 느낀다'고 말한 것은 일리가 있다.

이러한 동양적 사고방식에서 욥을 바라보면 우리는 욥을 조금 더 깊이 이해할 수 있다. 성경에서 욥은 극도의 모순으로 느껴지는 자신의 상황을 놓고 하나님과 논쟁을 벌인다. 욥은 수많은 논리들을 하나님 앞에 쏟아낸다. 그러나 어느 순간 말로 다 할 수 없는 하나님의 영광의 임재를 경험한다. 하나님의 임재 앞에 욥은 자신의 논리를 포기한다. 그리고 자신의 논리를 회개한다. "내가 주께 대하여 귀로 듣기만 하였사오나 이제는 눈으로 주를 뵈옵나이다 그러므로 내가 스스로 거두어들이고 티끌과 재 가운데에서 회개하나이다"(욥 42:5-6).
욥은 자신의 논리를 포기하고 다시 하나님과의 관계를 붙잡는다. 이
처럼 이스라엘에서 강조하는 신앙 성숙의 척도는 하나님과의 관계에
놓여 있다.

성숙의 지표는?

청년공동체 사역을 하면서 나는 양육을 통한 성숙의 척도를 관계
성의 측면에서 바라보려고 애썼다. 키가 크고 덩치가 좋고 힘도 센 중
학생이 있다고 하자. 성숙하다고 할 수 있는가? 이 학생이 지능(IQ)이
좋아서 암기력이 뛰어나고 머리 회전이 빠르고 아는 지식도 많다고
하자. 성숙하다고 할 수 있는가? 그렇지 않다. 이 학생이 타인을 위한
배려 없이, 자신만을 위해 힘과 지식을 사용한다면 사람들은 아직 어
린애라고 할 것이다. 성숙한 힘과 지식은 타인과의 관계 속에서 서로
를 섬기기 위해 사용할 때 의미가 있다. 결국 힘과 지식은 서로의 관
계를 증진시키고 성숙하게 하는 데 유용하게 사용할 수 있는 도구일
뿐이다. 결코 그 자체만으로 성숙의 지표가 될 수는 없다.

따라서 온전한 성숙은 타인과 맺어 가는 관계 속에서 정의되어야
한다. 그 사람을 얼마나 이해하는가? 그 사람에 대해서 얼마나 인내
하는가? 얼마나 배려하고 섬기는가? 타인을 인정해 줄 수 있는가? 이
러한 것들을 성숙의 지표로 삼을 수 있다.

그렇다면 그리스도인의 신앙 성숙은 어떻게 정의할 수 있겠는가?
여러 가지로 정의할 수 있겠지만 크게 '하나님의 형상을 닮아가는 것'
(창 1:26, 27)이라고 정의할 수 있겠다. 여기서 중요한 것은 '하나님의

형상'이 무엇이냐는 것이다. 하나님의 형상을 닮는다고 하는 것은 내 안에 하나님의 거룩한 속성이 들어서는 것이다. 이 개념은 자칫 한 개인이 홀로 멋진 성품을 갖고 세상을 초탈한 도인처럼 새로운 모습으로 변하는 것 같은 느낌을 줄 수 있다.

그러나 자세히 살펴보면 '하나님의 형상'은 관계적인 용어이다.[4] 하나님의 형상을 닮는다는 것은 결코 하나님에 관한 어떤 지식을 얻게 되고 그분의 초월적인 모습을 닮는 것만을 의미하지 않는다. 하나님의 형상을 닮는다는 말에는 삼위일체 하나님이 상호간에 사랑하며 섬기며 관계 맺는 방식을 닮아 간다는 의미가 강하게 들어 있다. 이런 맥락에서 하나님의 형상은 공동체 안에서 하나님을 향하여 그리고 서로를 향하여 관계 맺음과 깊은 관련이 있다.

우리가 추구하는 성숙(레위기 11장 45절)

우리 청년공동체에서 정의하는 성숙은 레위기 11장 45절에 근거한다. "나는 너희의 하나님이 되려고 너희를 애굽 땅에서 인도하여 낸 여호와라 내가 거룩하니 너희도 거룩할지어다."

이 말씀의 배경은 이스라엘의 출애굽 사건이다. 하나님께서는 이방 풍습에 젖어 노예로 사는 데 익숙한 이스라엘 백성을 애굽으로부터 불러내셨다. 이제 하나님은 이스라엘 백성의 정체성을 '하나님의 백성'으로 새롭게 규정하신다. 그리고 이스라엘의 하나님이 되어 주신다. 레위기 11장 45절 말씀에는 하나님께서 이스라엘과의 새로운 관계를 천명하는 가운데 이스라엘에게 요청하는 준엄한 요구가 있다. 그 요구는 바로 이스라엘의 '거룩'이다. 하나님께서는 이스라엘이 거룩해야 할 근거는 그들이 관계 맺는 야훼 하나님 자신이 거룩하기 때문이라고 말씀하신다.

우리 청년공동체가 정의하는 양육은 '하나님의 거룩하심을 경험하고 우리도 그 거룩하심으로 말미암아 세상에서 거룩하게 살아가도록 서로 돕는 것'이다. '거룩'이라고 하니 너무 추상적이고 우리와는 거리가 먼 것으로 생각하는가? 왠지 쉰 목소리로 앞 단어에 힘을 주어 '거~룩'이라고 말해야 어울릴 것 같은가? 이것은 거룩에 대한 잘못된 고정관념 때문이다. 거룩을 어떻게 정의하느냐에 따라 우리의 삶에 요청되는 거룩에 대한 이해도 달라진다.

구약신학에서 말하는 하나님의 거룩하심은 크게 두 가지 의미를 담고 있다.[5]

첫째는 하나님의 전적인 타자성(otherness) 혹은 배타성(exclusiveness)이다. 거룩하다는 것은 하나님께서 세상의 피조물과 근본적으로 다르다는 것을 의미한다. 이는 하나님의 근본적인 속성이요 삶의 방식이다. 성경은 종종 하나님의 전적 타자성에 대하여 경외를 표현하며 찬양한다. "여호와여 신 중에 주와 같은 자가 누구니이까 주와 같이 거룩함으로 영광스러우며 찬송할 만한 위엄이 있으며 기이한 일을 행하는 자가 누구니이까"(출 15:11). 이러한 측면에서 거룩하신 하나님은 세상과 철저하게 분리되어 있으시다.

거룩함의 두 번째 의미는 세상과 전적으로 다른 하나님께서 한 백성을 선택하여 그들과 관계를 맺는다는 것이다. 하나님께서는 피조물과 영원히 거리를 두시는 것이 아니라 피조물인 인간과 관계를 맺으신다. 그리고 하나님과 관계를 맺는 백성에게 하나님의 배타적인 거룩한 삶의 방식을 요구하신다. 그래서 하나님의 거룩함이 선택한 백성을 통해 세상 가운데 드러나게 하신다.

이스라엘은 열방 중에 보잘것없는 한 민족이었다. 그러나 하나님께서는 이스라엘을 선택하시고 부르셔서 관계를 맺으신다. 그리고 거룩한 삶의 방식을 요구하신다. 이스라엘을 거룩하게 만들어 가신다. 거룩하게 만들어 간다는 것은 세상 민족들과는 전적으로 다른 삶의 방식을 취하는 것을 의미한다. 당시 주변 이방 민족들은 우상숭배와 음란과 패역이 가득했다. 이방의 퇴폐적인 문화가 주변 문화를 전염시키고 있었다. 이때 이스라엘은 이방 민족과는 전혀 다른 삶의 방식을 취하여 하나님의 백성 됨을 드러내도록 요청받는다.

이방 민족은 일주일 내내 정신없이 일한다. 미친 듯이 방탕하고 음란하게 살아간다. 이러한 시대적 흐름 가운데 이스라엘 백성은 하루를 따로 떼어 아무 일도 하지 않고 오직 하나님만 생각하며 안식일을 지킨다. 안식일을 지킨다는 것은 정신없이 몰아가는 이 세상의 흐름과는 달리 하나님 백성의 배타적 생활방식을 취하는 것이다. 이방인이 선호하는 삶의 방식을 취하지 않고 말씀에 따른 삶의 방식을 취함으로써 이스라엘은 하나님의 백성임을 세상 가운데 보여 준다. 이러한 삶의 방식은 이스라엘 생활의 전 영역으로 확대된다. 성도들의 삶에 요청되는 거룩도 이와 같다. 성적인 타락을 예로 들어 보자. 성도들은 말씀 안에서 세상의 왜곡된 성을 탐닉하는 방식을 거부하도록 요청받는다. 한 통계에 따르면 우리나라의 인터넷 음란 사이트 수는 인구비례로 보면 세계 1위다. 이러한 유해 사이트는 인터넷상에서 하루에 1,600개씩 증가하고 있다.[6] 매일 평균 한 시간에 7,500개의 음란물이 업로드되고 있다.[7] 모두들 음란에 취해 미쳐 가는 것 같다. 이러한 때에 성도들은 성적 탐닉을 향해 가고 있는 세상 방식에 거슬러 하나님이 요구하시는 방식을 따르도록 요청받는다. 세상은 성도들이 지루하고 답답하다고 한다. 마땅히 즐겨야 할 것을 즐기지 못하는 바보라고 생각한다. 그러나 성도들은 이를 거부하고 오히려 보다 건전한 기독교 문화의 정착을 위해 애쓴다. 세상은 성도들이 자신과 다르다고 비웃지만 내심 그들을 존경한다. 그들에 대해 감탄한다. 이것이 바로 하나님의 거룩함이 세상에 드러나는 방식이다. 성도들은 하나님과의 관계 속에서 세상과 전적으로 다른 하나님의 타자성(배타성)을 지녀야 한다. 동시에 성도들은 삶에서 하나님과의 독특한 관계성이 드러나고 영향을 미치도록 해야 하는 것이다.

성도가 거룩함을 추구하는 데에 고려해야 할 사항은 두 가지다. 먼저는 하나님과의 관계이고, 다음은 사람과의 관계이다. 하나님의 거룩한 성품을 얼마나 닮았는가, 또한 세상에서 이웃과의 관계에 얼마나 그 성품을 반영하는가를 통해 성도의 성숙을 가늠할 수 있다. 이것을 예수님은 마태복음 22장 37-40절에서 다음과 같이 말씀하신다.

> 예수께서 이르시되 네 마음을 다하고 목숨을 다하고 뜻을 다하여 주 너의 하나님을 사랑하라 하셨으니 이것이 크고 첫째 되는 계명이요 둘째는 그와 같으니 네 이웃을 네 자신 같이 사랑하라 하셨으니 이 두 계명이 온 율법과 선지자의 강령이니라.

"이 두 계명이 온 율법과 선지자의 강령이니라"(40절)라는 표현이 재미있다. 영어성경(NRSV, NKJV)에 따르면 모든 율법과 선지자의 외침이 이 두 계명에 '매달려'(hang) 있다는 것이다(On these two commandments hang all the law and the prophets). 이는 모든 율법과 선지자의 외침이 하나님 그리고 이웃과 관계 맺는 방식에 달려 있다는 것이다.

성숙을 추구하는 양육의 현장

우리 청년 대학부에서는 예배를 통해 하나님의 거룩하심을 배운다. 하나님의 임재 가운데 우리가 죄인임을 깨닫는다. 그리고 하나님의 용서와 치유를 경험한다. 지금까지 즐겨 왔던 삶의 방식에서 돌아서야 함을 깨닫는다. 예배를 통해 하나님과 새롭게 관계 맺는 방식을 배운다. 그러나 하나님과 관계를 맺고 그분의 거룩하심을 배우는 것만으로 그쳐서는 안 된다. 이제는 이 거룩하심이 이웃과의 관계에서 드러나도록 해야 한다.

시대는 갈수록 복잡하고 빠르게 변화한다. 절대적인 기준을 포기하고 상대적인 기준만으로 살아가도록 정신없이 몰아간다. 이런 시대 풍조 가운데 어떻게 하나님의 거룩하심을 세상 가운데 드러낼 수 있을까? 이 질문은 결코 쉽게 답할 수 없다. 청년들 각자가 처한 상황과 처지도 모두 다르다. 결코 단답식으로 대답할 수 있는 문제가 아니다. 이것은 개별적으로 그리고 동시에 지속적으로 씨름해야 할 문제이다. 여기에 양육의 필요가 있다.

양육은 하나님의 거룩하심을 이 세상 가운데, 주변 이웃과의 관계를 통해 온전히 드러날 수 있도록 도와주는 것이다. 양육을 통해 하나님의 거룩하심이 각자 삶의 현장에 드러나도록 해야 한다. 따라서 양육은 본질적으로 지식보다는 관계성에 강조가 있다. 지식은 관계를 돕기 위한 것이지 결코 지식 자체가 양육의 목적이 될 수 없다. 여기서 예배와 양육이 서로 밀접한 관계를 갖는다.

양육의 이해에 따른 양육 시스템의 변화

양육을 어떻게 이해하느냐는 중요하다. 이에 따라 양육시스템이 예배와 독립적으로 분리되어 나갈 수 있고, 아니면 유기적으로 연결될 수 있기 때문이다. 또한 양육을 어떻게 이해하느냐가 공동체의 소그룹 조직의 성격과 형태를 좌우한다. 우리 청년공동체의 경우 양육에 대한 이해의 변화에 따라 실제적으로 소그룹의 성격과 형태가 변했다. 또한 양육을 위한 교재도 바뀌었다.

기존의 소그룹 형태: 단계별 성경공부

현재의 소그룹의 형태를 갖기 전 청년공동체에서는 단계별 성경공부를 진행하여 정착시켜 왔다. 단계별 성경공부는 대개 청년예배 직후 이루어졌다. 이때 실시했던 단계별 성경공부에는 다음과 같은 과정이 있었다.

1) 새가족 입문과정(4주)

2) 신앙기초과정(2개월)

3) 양육과정(6개월)

4) 성장과정(1년)

5) 제자훈련과정(2년)

6) 기타(전문사역훈련과정 등)

각 성경공부 과정마다 작게는 2-3개 많게는 8개까지 모두 15개의 반이 개설되어 있었다. 단계별 성경공부를 처음 도입할 때는 성경공부를 인도할 리더가 부재한 상태였다. 그래서 도입한 것이 교사 제도이다. 교사는 선교단체 혹은 청년사역 경험이 있는 집사님 열 분으로 구성하였다. 교사는 교역자와 함께 각 성경공부반을 나누어 가르쳤다. 각 과정은 기본적으로 교사가 가르치되 제자훈련과정은 교역자가 직접 맡았다.

청년들은 예배 후 각자 흩어져 자신이 속한 성경공부반에서 기초부터 차근차근 공부하였다. 한 과정이 보통 6개월에서 1년 정도였다. 이 과정을 통해서 청년들을 단계적으로 가르치고 잠재적인 리더들을 발굴하는 것을 목표로 하였다. 약 1년 정도가 지나자 성경공부반을 지속적으로 해왔던 청년 중에 차기 리더로 사역할 일꾼들이 어느 정도 나왔다.

교사들이 인도했던 성경공부반의 반응은 두 가지였다. 먼저는 성경공부반을 좋아하고 재미있어 하는 경우였다. 이런 경우는 성경공부 가운데 말씀의 나눔이 있고 삶의 나눔이 있는 경우다. 성경공부 가운데 개인적인 친밀감을 경험하고 서로를 향한 돌봄을 경험한다. 이런 가운데 소그룹 구성원은 소속감을 느낀다.

또 다른 반응은 성경공부가 너무 일방적인 강의식이었기 때문에 도망가는 경우였다. 이때 교사들은 말씀을 통해 서로 반응하기보다는 성경 지식을 전해 주는 데 더 초점을 맞추었던 것 같다. 과정 자체가 단계별 성경공부였기 때문에 지식을 전해 주어야겠다는 생각이 강하게 들었던 모양이다. 이런 식의 공부는 교회학교 때 했던 분반공부와 크게 다르지 않다.

성경공부 안에 이러한 두 가지 경향이 나타나면서 예배와 성경공부가 각각 독립적으로 나아가려는 경향이 나타났다. 청년 중에는 예배만 드리고 성경공부에 참여하지 않든지, 아니면 예배드리지 않더라도 성경공부에는 나오는 경우가 발생하였다. 전자는 예배 후에 시간이 없다고 핑계 댈 수 있겠지만, 후자의 경우는 문제의 소지가 있었다. 우선순위에서 가장 중요한 예배가 성경공부에 밀리기 때문이다. 예배와 양육 사이의 단절이 생긴 것이다.

단계별 성경공부의 한계와 변화의 필요성

앞에서 말했듯이 예배에서 하나님의 임재를 경험하면서 전도에 동력이 일어났다. 점점 많은 새신자들이 등록하였다. 당시 새신자가 등록할 경우 보통 4주 정도의 입문과정을 거쳤다. 문제는 양육 이후였다. 기존 청년회원들은 이미 양육반, 성장반, 제자훈련반, 사역반 등에서 공부하고 있었기에 새신자가 기존 회원들과 어울릴 기회가 별로 없었다. 기존 회원의 경우 한 과정에 들어가면 계속해서 나머지 과정을 함께 공부하게 되어 있었다. 따라서 새가족이 기존 신자들과 어울릴 수 없는 기존의 양육 체계를 고칠 필요가 있었다.

새가족 입문과정을 수료한 사람들을 모아 새롭게 양육반을 만들어 성경공부를 시작하는 것도 어려움이 있었다. 이미 준비된 리더들과 교사들은 기존 성경공부반을 맡고 있었으므로, 새로운 리더나 교사를 확보하여야 했다. 그러나 당시 가르칠 수 있는 교사와 리더는 제한되어 있었다. 새로운 성경공부반 교사를 확보하려면 어느 정도 시간이 필요했다. 이런 상태에서 새가족들은 입문과정을 마친 후 다음 단계의 성경공부반에 들어가기까지 상당 기간 기다려야 하는 일이 발생하였다. 이들은 공중에 붕 뜨게 되었다. 소그룹 없이 예배만 드리고 가는 경우가 발생한 것이다. 무엇인가 구조적인 뒷받침이 필요했다.

이러한 필요를 절감하고 있을 무렵, 단계별 성경공부반 자체가 가지고 있는 구조적 위험성이 드러났다. 첫째, 성경공부가 각 단계별이다 보니 제일 상위 단계에 있는 지체들은 일종의 특권의식을 갖고 영적으로 교만해질 소지가 있었다. 극단적인 경우 우리가 없이는 청년공동체가 돌아가지 않는다고 생각할 정도였다. 둘째, 구조적 경직성이 있었다. 전에 신앙생활을 열심히 하던 형제가 군대를 갔다 온 경우 여지없이 새가족반부터 새로 시작해야 했다. 처음부터 다시 시작하라는 말에 성경공부를 기피하는 형제들도 있었다. 셋째, 청년들 대부분이 단계별 성경공부반 안에 피교육자로 있다 보니 청년 리더로서 활동할 수 있는 사역의 장이 별로 없었다. 있었다면 성경공부반에서 기껏해야 출석부와 간식을 챙기는 반장 정도였다. 대부분의 청년은 리더로서 직접 말씀을 나누고 가르칠 기회가 없었다. 리더십을 발휘할 기회가 없으니 사역을 감당하는 데 교역자나 교사에게 의존적인 태도가 되었다.

이러한 구조적인 어려움과 동시에 보다 근본적인 문제가 나타났다. 그것은 예배에서 받은 감격과 은혜가 소그룹 모임에서 단절된다는 것이다. 청년들은 예배 때 감격으로 말씀을 받고, 뜨겁게 기도와 찬양으로 하나님께 반응한다. 하나님께 몰입하여 전심으로 경배드리고 나온다. 그런데 소그룹 모임에 들어가면 전혀 다른 내용의 교재로 예배와 상관없는 방향의 공부를 하는 것이다. 예배 때 만나고 경험했던 하나님과 성경공부 때 배우는 하나님에 대한 내용이 연관성이 없는 것이다. 예를 들어 예배 가운데 우리를 용납하시고 끝까지 참아 주시는 하나님을 만났다고 하자. 하나님의 은혜에 감격하여 눈시울 적시며 예배를 마쳤다. 그런데 소그룹 성경공부에 와 보니 마침 그날 주제가 '공의의 하나님, 진노하시는 하나님'이다. 과연 마음을 활짝 열고 공부하고 싶을까? 오히려 교재를 덮고 예배에서 경험한 하나님에 대해 서로 나누고 싶은 마음이 일어날 것이다.

　예배를 통하여 하나님을 경험하며 알아가는 행위를 히브리어 동사 '야다'(Yada)로 표현할 수 있을 것이다. 원래 '야다'라는 단어는 부부 간의 성관계와 같이 깊은 경험을 통해 상대를 아는 것을 표현하는 동사이다. 이것은 '하나님에 관해' 아는 것이 아니라 '하나님을' 아는 것을 말한다. 영어로 말하자면 'I know about God'(나는 하나님에 관해 안다)이 아니라 전치사 about이 빠진 'I know God'(나는 하나님을 안다)이라고 할 수 있겠다. 하나님에 '관해'(about) 아는 것이 아니라 하나님을 직접적으로, 관계적으로 아는 것이다. 예배를 통해 직접적으로 경험했던 하나님이 단계별 성경공부 시간에 단절될 수 있다. 자칫 성경에 대한 정보를 공유하고 형식적인 지식을 배우는 시간으로 전락할 수 있는 것이다. 기존의 성경공부 틀에서 벗어나 예배를 통한 하나님 체험을 자연스럽게 이어 줄 수 있는, 무언가 새로운 형태의 소그룹이 요청되었다.

셀 조직의 탄생

예배 가운데 경험한 하나님을 소그룹을 통해 이웃과의 관계로 멋지게 연결시킬 수 있는 대안은 없을까? 그러기 위해서 두 가지 사항이 요청된다.

첫째, 하나님 체험을 이웃과의 역동적인 관계로 구현하기 위해서는 교사가 이끄는 성경공부의 다소 경직된 조직이 아닌 유연하고 생기 있는 소그룹이 필요하다. 이렇게 되기 위해서는 교사 주도의 소그룹보다는 청년 리더가 주도하여 움직이는 소그룹이 더 바람직할 것이다.

둘째, 예배의 감격을 소그룹에 구체적으로 적용할 수 있는 성경공부 교재가 필요하다. 기존에 반별로 실시하던 단계별 성경공부는 신앙의 체계적 성장을 위해서는 도움이 되었지만, 예배의 흐름을 개개인의 삶으로 이어 주는 데는 미흡했다. 설교의 메시지와 소그룹에서 사용하는 성경공부 교재가 어떻게든 연관되는 것이 바람직할 것이다.

이러한 문제의식에서 시작한 소그룹이 '셀 조직'과 '셀 나눔 교재'이다.

셀 조직

단계별 성경공부 조직이 갖고 있는 문제점들을 놓고 고심하며 좀 더 유연한 조직을 모색하던 중 '셀' 조직을 구상하였다. '셀'(cell)은 세포라는 의미를 갖고 있다. 교회의 각 지체들은 그리스도의 살아 있는 몸의 각 부분을 이룬다(고전 12:27). 셀 조직이란 살아 있는 작은 생명 유기체 조직으로 그리스도의 몸 된 교회를 구성하는 최소 단위의 공동체 조직이다. 셀은 살아 있는 생명유기체 조직이기 때문에 그리스도의 충만한 생명력으로 자라나면 마치 세포가 분열하듯 다시 분립할 수 있다. 분립하고도 약해지지 않고 오히려 부흥하여 온전한 생명력을 가진 조직으로 더 크게 성장할 수 있다. 처음 셀 조직을 시작하면서, 나는 궁극적으로 각 조직이 성장하여 분립까지 할 것을 기대하였다.

새로운 소그룹 조직을 '셀'이라 이름 짓고 청년사역을 시작한지 3개월만에 새로운 조직으로 출발했다. 기존에 시행하던 단계별 성경공부는 2월 말까지 마무리하도록 하였다. 셀의 리더와 부리더는 그동안 단계별 성경공부를 통해 어느 정도 형성된 리더 그룹을 중심으로 세웠다. 각 셀의 리더가 교사 대신 청년 리더들로 세워진 것이다. 각 셀에는 비슷한 신앙 수준을 가진 사람들만 모이지 않도록 했다. 신앙이 성숙한 사람, 연약한 사람, 초신자 등이 다양하게 어우러져 고루 섞이도록 하였다. 세 개의 셀 단위를 하나로 엮어 '팀'(team)이라 명명하고 기존의 교사를 팀장으로 임명하여 팀 안의 각 셀들을 돌보도록 하였다.

셀 조직을 운영하면서 눈에 띄게 향상된 것이 새가족의 정착률이다. 단계별 성경공부에서는 4주간의 새가족 입문과정을 마친 새신자들이 소속될 소그룹 없이 중간에 뜨는 경우가 많았다. 그러나 이제는 새로운 셀에 들어가서 별 부담 없이 정착을 한다. 기존의 셀로 새롭게 들어가도 그다지 어색해하지 않는다. 다양한 신앙 배경을 가진 사람들이 이해해 주고 이끌어 준다. 자신과 비슷한 처지의 초신자도 있다.

셀 성경공부에서 나누는 나눔의 내용도 예배의 메시지와 깊이 연관되므로 비록 셀에 처음 참여한다고 할지라도 대화에 기꺼이 참여할 수 있다. 더구나 서로 마음을 열고 각자의 생활을 나누므로 쉽게 친해질 수 있다. 작은 셀 공동체에서 초신자들은 셀 안의 인간관계 속에서 역동적으로 역사하는 복음의 힘을 경험한다. 초신자들은 복음이 셀 구성원 각자의 삶에 어떤 영향을 미치고, 어떻게 전체 청년 공동체를 형성하는지 가까이서 관찰할 수 있다. 새신자는 성숙한 성도의 모습을 옆에서 지켜보면서 일반적인 성경공부에서 배우는 것보다 더 많은 것들을 배울 수 있다. 직접 복음의 모델들을 옆에서 지켜보는 것은 큰 배움이다. 이를 통해 셀 안에서는 자연스럽게 전도와 양육이 일어난다.

셀 조직의 개편은 기존 멤버 간에도 긍정적인 역할을 하였다. 기존 단계별 성경공부의 한계 중 하나가 공동체 안에서 교제권이 제한된다는 것이다. 일단 같은 과정을 밟기 시작하면 거의 동일한 그룹으로 1년 혹은 2년 동안 계속해서 함께 공부하는 것이다. 따라서 자신의 성경공부반 외에 다른 사람들을 제대로 알 기회가 없었다. 새로운 셀 조직의 개편은 그동안 고정되었던 청년들의 교제 영역을 새로 넓혀 주었다. 교제권을 소그룹 이상으로 넓히기 위해 세 개의 셀을 묶어 하나의 팀으로 엮어 주었던 것도 긍정적으로 작용했다. 이것이 이듬해에는 4-5개의 셀로 확장되었고, 그 이듬해에는 다시 5-8개로 확장되었다. 청년예배를 마치면 각 팀별로 모여 서로의 안부를 묻고 간단히 교제를 나누고 바로 셀 모임으로 들어간다.

셀 조직을 운영하면서 얻게 된 또 다른 긍정적인 점은 청년공동체 안에 공동체성이 살아난다는 것이다. 현대의 많은 신자들이 공동체에 얽매이지 않고 은혜의 단물만을 얻으려고 주일예배에 나온다. 나와서도 누구에게도 눈에 띄지 않고 익명으로 와서 예배드리고 가기를 원한다. 그러나 참된 은혜의 진수는 공동체에 소속됨으로써 온전히 누릴 수 있다. 셀 모임을 진행하면서 서로의 삶을 공개하며 이해하고 기도하고 격려하는 일이 일어났다.

오늘날 세상은 성도들을 향하여 거세게 도전하고 있다. 하나님을 떠난 세속적인 삶을 인생의 기준으로 화려하게 제시한다. 세상은 '너에게 하나님이 필요 없다'고 말한다. 셀 조직은 이러한 흐름에 거세게 저항하며 서로서로를 격려하는 역할을 한다.

성경공부 조직에서 셀 모임으로의 전환은 초기에는 다소 염려되었으나 시간이 지날수록 잘 정착해 갔다. 셀 모임이 잘 정착한 이유는 여러 가지가 있겠지만 무엇보다도 예배의 감격이 계속해서 셀 모임 안으로 흘러들어 갔기 때문이다. 셀 모임 안에서 예배의 감격이 계속해서 이어졌고 이것이 셀 정착의 거대한 동력으로 작용했다.

셀 조직의 개편

셀 조직은 매년 초에 대대적으로 개편한다. 이때는 전체 구성원을 무작위로 흩트려 놓는다. 전적으로 새로운 사람을 만나서 신앙의 교제를 나누도록 한다. 팀 조직도 다시 섞는다. 리더들도 새로운 셀원을 맡는다.

부임한 첫해 3월, 처음으로 셀을 조직하고 이듬해 1월 첫 주를 시작으로 다시 개편하였다. 조직의 규모도 커졌다. 이듬해에는 셀이 10개가 더 늘어났다. 이번에는 셀을 네다섯 개씩 묶어 팀으로 엮어 주었다. 처음 셀 조직을 개편할 때 여기저기서 저항을 했다. 기존 셀에 그대로 있게 해달라는 요청이었다. 이제 좀 친해지고 알 만한데 조직을 바꾸니, 이 분위기 좋은 셀을 떠나기 싫다고 했다. 그러나 여지없이 연초에 조직을 새로 개편했다. 처음에는 다소 불평과 저항이 있었다. 그러나 겨울수련회 기간에 서로를 알아 가면서 불만은 사그라졌다.

셋째 해에도 셀을 개편했다. 이번에는 아무 불평이 없었다. 다들 당연히 바뀌고 헤어져야 하는 것으로 알고 있었다. 이번에는 서로 적응하고 알아 가는 속도가 전년보다 더욱 빨랐다. 각 셀마다 친밀감이 빠르게 형성되었다. 그래서 셋째 해에는 셀 조직 개편을 중간에 한 번 더 단행하였다. 그해 8월 둘째 주에 다시 셀을 개편했다. 이번에는 공동체 전체를 뒤섞지 않고, 팀 조직을 그대로 유지하는 가운데 팀 안에서 셀 조직만을 새롭게 확장, 개편했다.

조직을 개편한 이유는 세 가지이다.

첫째, 각 셀 단위로 셀 구성원의 숫자가 너무 많아졌다. 각 셀원의 숫자는 연초부터 각 셀마다 대체적으로 다소 많이 배정되었다. 여기에는 리더를 충분히 확보하지 못했던 이유가 크다. 연초에 리더로 섬길 만한 지체들이 여러 가지 사정으로 인해 섬기지 못하게 되었다.

결국 리더 확보를 충분히 하지 못했기에 셀 편성도 전년도의 형태에서 크게 확장하여 늘리지 못했다. 더 작은 셀로 쪼개어 셀 수를 늘릴 필요가 있었다.

둘째, 연초에는 드러나지 않던 잠재적인 리더들이 그해 중간쯤 되자 많이 드러났다. 안 그래도 리더십을 보강할 필요가 연초부터 계속해서 있어 왔다. 그래서 팀장들을 통하여 잠재적 리더들에 대하여 개별적으로 의사를 타진했다. 이들로 리더십 안에 들어오게 하여 함께 리더로 훈련받으며 셀을 섬기도록 격려하였다. 이러한 부름에 많은 지체들이 응답하였고 따라 주었다. 그해 하반기에는 매우 튼튼한 리더십이 형성되었다. 셀도 다시 많이 늘어났다.

셋째, 타성에 젖은 리더들에게 새로운 자극과 격려가 필요했다. 중간에 단행했던 팀 안에서의 조직 개편은 지치고 사명감이 약해져 가는 리더들, 리더모임에 습관적으로 불참했던 지체들, 리더의 역할을 제대로 감당하지 못했던 지체들에게는 새로운 각성의 기회가 되었다. 조직 개편을 단행하기 약 두 달 전에 리더십 전체에 선포를 했다. 8월경에 대대적인 조직 개편이 있을 것이며 리더로 섬길 수 없는 지체들도 있을 것이라고 선포했다. 리더들은 보통 6월에서 8월쯤 상당히 지친다. 전체적으로 지치는 시기에 새로운 리더 보강과 일부 교체는 리더십 전체에 새로운 자극이 되었고, 리더 직분의 소중함을 깨닫게 해주었다. 리더의 사명의식 고취에도 많은 도움이 되었다. 조직 개편 후 리더모임은 새로운 탄력을 받아 매우 활기차게 진행되었다. 자리가 없어서 늦게 오면 서서 훈련을 받을 정도의 열기가 조성되었다. 그리고 리더모임이 사모하는 모임, 기다려지는 모임으로 바뀌었다.

리더모임에 대해서는 뒤에 자세히 설명할 것이다.

셀 조직과 리더십

청년공동체 인원이 늘어남에 따라 셀을 확장하여야 할 시기가 여러 번 있었다. 그러나 매 시기마다 리더를 새로 배치하지 못했다. 그만큼 리더 확보가 쉽지 않았다. 지방 교회라는 한계점도 작용했던 것 같다. 그러나 리더십의 형성은 청년공동체 전체의 분위기를 형성하고, 셀의 부흥과 나아가 공동체 전체의 부흥을 위해서 반드시 필요하다. 청년사역에 있어서 예배 다음으로 중요한 것이라면 리더 확보와 리더십 분위기 형성을 들 수 있다. 리더가 확보되지 않는 상태에서의 청년사역은 골조 없는 건물과 같다. 건물이 튼튼하게 서려면 골조가 든든하게 서 있어야 한다. 이 골조에 해당하는 것이 바로 좋은 리더의 확보이다. 그만큼 리더 확보가 절실하고 중요하다.

리더가 절대적으로 부족한 가운데 계속해서 리더 확보를 위해 애쓰며 기도해 왔다. 그래도 감사한 것은 어느 정도 시간이 흘러 리더들이 확보되고 리더십의 분위기도 매우 진지하게 형성되었다는 것이다. 이제 리더모임에는 매주 금요일 저녁 약 80-90여 명의 리더들이 함께 나와 진지하게 훈련받는다.

30-40대 청년 공동체의 필요성

요즈음 100명 이상의 어느 정도 규모가 되는 공동체에서 청년공동체 구성원의 나이 폭은 상당히 편차가 크다. 20대 초반의 대학생부터 30대 중후반을 넘어 40대로 들어가는 청년까지 다양하다. 나이가

30대 중후반으로 접어드는 청년들의 관심사와 고민은 20대 초반 청년들의 그것과는 확연히 차이가 난다. 가능하다면 이들의 공통된 고민을 함께 나눌 수 있는 30-40대의 셀, 또는 팀, 더 나아가서는 대학부, 청년부 외에도 새로운 청년부서 하나를 더 구성할 필요가 있다. 어떤 교회의 경우 공동체 이름을 기드온 공동체, 어떤 곳은 여호수아 또는 갈렙 등의 이름으로 부르기도 한다. 중요한 것은 이들의 공통된 관심사와 고민을 함께 나눌 수 있는 장을 마련해 주어야 한다는 것이다.[8]

셀 나눔 교재

셀 조직이 활성화되기 위해서는 조직이라는 하드웨어 못지않게 조직을 운영할 수 있는 소프트웨어가 중요하다. 셀 조직이 운영되도록 해주는 가장 중요한 소프트웨어가 바로 소그룹 성경공부 교재이다. 기존의 성경공부 조직에서 셀 조직으로 전환하면서 예배의 역동성을 연결시키기 위해 적당한 교재를 시중에서 찾아보았으나 별로 없었다. 그나마 그중에서 일상생활과 밀접한 주제를 다루는 성경공부 교재를 한 권 선정하여 공부하기로 했다.

이 교재를 갖고 리더모임 시간에 리더들과 함께 공부하고, 그들이 소그룹에서 가르치도록 해보았다. 아직 리더들이 충분히 훈련되지 않은 상태라서 리더마다 교재를 소화하는 차이가 달랐다. 진도도 소그룹마다 각각 달랐다. 성경공부 교재를 구입해 놓고 집에 두고 오는 경우도 빈번하였다. 어떤 그룹에서는 성경공부가 별로 재미없다고 함께 몰려나가 회식을 하기도 했다. 우리 청년공동체 정황에 맞게 예배의 감격을 이어 주는 교재를 찾기가 쉽지 않았다.

결국 교재를 직접 만들기로 했다. 교재는 그날 설교 메시지를 근거로 하여 설교 본문을 공부하고 삶을 나누는 형식으로 만들었다. 이름을 '셀 나눔 교재'라고 붙였다. 셀 나눔 교재는 매 주일 주보(JVN) 한 면에 실린다. 그리고 모든 공동체 지체들은 청년예배에 오면서 받게 되는 주보를 교재로 사용한다. 이렇게 하니 교재를 집에 놓고 오거나 잃어버리는 경우가 사라졌다. 마태복음을 강해설교로 진행했기 때문에 마태복음 강해 시리즈를 마치면 청년들은 마태복음 한 권을 셀 나눔 교재로도 공부한 셈이 된다.

셀 나눔 교재는 단순히 설교 메시지의 요약만은 아니다. 가볍게 다룰 수 있는 쉬운 성경공부 문제만도 아니다. 셀 교재에서 본문을 다루는 수준은 웬만한 성경공부 교재 수준 이상으로 만들려고 노력했다. 본문을 구조적으로 파악하고 관찰, 해석, 적용할 수 있도록 다양한 질문을 넣었다. 단순히 은혜를 나누는 것만이 아니라, 설교의 본문을 귀납적 방식으로 체계적으로 공부하고 자신의 삶에 구체적으로 적용하도록 하였다. 때로는 설교 준비를 위해 주석을 참고하다가 설교에는 넣지 않았지만 그냥 버리기에는 아까운 내용들도 넣었다.

셀 나눔 교재를 소그룹에 처음 적용한 결과는 대체로 만족스러웠다. 소그룹 모임 안에 활발한 나눔이 이루어졌다. 소그룹 구성원들은 이미 설교를 통해 선포된 본문 말씀을 갖고 교재를 대하기 때문에 본문에 대해 어느 정도 익숙한 상태에서 셀 모임에 참여한다. 새로운 본문으로 성경공부를 하는 것보다 부담이 덜했다. 조금 전 예배를 통해 받은 은혜를 나누고 서로의 삶에 적용하기에 별 무리가 없었다. 초신자라도 셀 교재를 공부할 때 함께 흥미를 갖고 임한다. 이미 예배를 통해 익숙한 본문이기 때문이다. 예배를 통해 하나님 말씀을 이미 체험하였기에, 그 체험을 자신의 생활에 구체적으로 적용하려고 애쓴다. 서로 자신의 삶을 공개하고 활발하게 나눈다. 하나님의 거룩하심을 세상 가운데 드러낼 수 있도록 서로 격려한다. 기도가 필요한 지체들에게는 서로 뜨겁게 기도해 준다. 시중의 교재보다 우리 상황에 맞게 만든 셀 나눔 교재로 더욱 깊이 있는 나눔이 가능하게 된 것이다.

양육모임의 실제

셀 모임을 계속해서 이어 가기 위해서는 몇 가지 지속적인 모임이 뒷받침되어야 한다. 먼저는 셀 리더와 부리더가 지속적으로 셀을 섬길 수 있도록 돕고 양육하는 리더모임이다. 둘째는 리더와 부리더를 책임지는 팀장을 돕고 양육하는 모임이다. 셋째는 차세대 예비리더들을 발굴하여 리더로 키워 내는 예비리더모임이다.

리더모임에 대한 고민

많은 청년공동체 사역자의 고민이 리더모임이다. 대다수 사역자들이 리더모임이 중요하다는 데 공감한다. 그러나 구체적으로 리더모임을 어떻게 이끌어 갈 것인지에 대해서는 분명히 말하기를 주저한다. 중요성은 인식하고 있지만, 구체적으로 '어떻게'(how) 할 것인가의 문제에 대해서는 혼란스러워한다. 청년사역을 하던 몇몇 사역자들과 이야기를 나누며 리더모임에 대한 고민을 들을 기회가 있었다. 그들의 고민은 다음과 같은 것이었다. 리더모임을 어떤 식으로 진행해야 하는가? 교재는 무엇을 사용해야 할까? 어떻게 리더들의 참여율을 높일 수 있을까? 어떻게 리더들에게 동기를 부여하는가? 이것은 나에게도 마찬가지 고민이었다.

청년 리더로 지낸 경험이 없던 나에게 리더모임은 커다란 도전이었다(내가 청년 시절 교회에서 청년부 활동을 할 때 총 인원은 10명 내외였다. 따라서 자연히 리더모임과 같은 성격의 훈련 모임은 갖지 못했다). 리더모임을 제대로 운영하기까지 여러 번 시행착오가 있었다. 부임 초기에는 간단한 기도로 시작한 후, 일방적인 강의 위주로 진행하였다. 처음에는 리더로서 알아야 할 여러 분야들, 예를 들면 소그룹 인도법, 리더의 자기 관리, 리더십 등을 시리즈로 강의하기도 하였다. 이런 일방적인 방식으로 진행한 배경에는 리더모임은 곧 교육 시간이라는 고정관념 비슷한 것이 있었기 때문이었다. 이렇게 몇 개월을 진행하자 리더들은 일방적인 강의 방식에 불만을 호소하였다. 모임 시간에 자신들이 반응하며 참여할 수 있는 여지가 사라졌다고 하소연했다. 또한 리더모임은 별도의 부가적인 교육 시간이지 셀 모임을 섬기는 데 반드시 필요한 시간은 아니라는 인식이 리더들 사이에 서서히 생기면서 결석하는 리더들도 생겼다. 그래서 이번에는 강의를 줄이고 각 팀별로 모여 팀장을 중심으로 셀 리더들과 각각의 셀 모임 상태를 점검하는 시간을 주었다. 그러자 별로 배우는 것도 없는데 모임에 나오니 재미가 없다고들 했다. 시간이 갈수록 참여도 저조해졌다. 이렇게 하니 이런 불평이 나오고 저렇게 하니 저런 불평이 나왔다. 어떻게 리더모임을 이끌어 가야 할지 계속 고민했다.

리더모임의 정체성

되돌아볼 때 리더모임이 계속적으로 시행착오를 겪었던 이유는 사역자인 나 자신부터 리더모임에 대한 분명한 밑그림이 없었기 때문이다. 모임의 정체성을 명확히 파악하지 못하였다. 리더가 중요하고 리더모임이 중요하다는 것은 알지만, 리더들이 왜 함께 모여야 하며, 모여서는 무엇을 해야 할지 전체적인 방향이 없었다.

리더모임은 리더들에게 반드시 필요한 모임, 빠져서는 안 되는 모임이어야 한다. 어떻게 해야 리더들에게 반드시 필요한 모임, 성숙을 가져다주는 모임으로 만들어 갈 수 있을까? 일단 리더모임에 대한 이런 인식만 제대로 생기면 리더들은 적극적으로 참여할 것이다.

여러 시행착오를 겪으며 이제는 리더모임이 안정감 있게 자리 잡았다. 리더들도 리더모임의 필요성을 자각하며 반드시 참여해야 하는 모임으로 인식하는 단계에 이르렀다. 리더들과 부리더들의 참여율이 높아졌다. 가끔은 리더모임 시간에 외부 사역자를 초청해 강연을 듣기도 한다. 처음에는 외부 강사가 오는 특강 시간을 좋아했다. 그러나 지금은 청년들이 특강 시간보다 리더모임 시간을 제대로 갖자고 한다. 마음이 흐뭇했다. 이는 리더들이 리더모임을 의무적인 모임에서 꼭 필요한 모임으로 인식한다는 표시이기 때문이다.

이후 리더모임은 역동적인 예배의 감격을 셀 나눔을 통해 이어가기 위해 반드시 필요한 모임으로 자리 잡았다. 리더모임은 셀원들이 세상 속에서 하나님의 거룩함을 드러내도록 리더들이 돕고 무장시키기 위해 필요한 모임이다. 예배와 소그룹의 유기적인 연관성이 강화될수록 리더모임에 대한 필요성도 강화된다. 리더들이 리더모임 때

열심히 준비할수록 예배에서의 하나님 체험과 상호 간의 셀 나눔이
은혜롭고 풍성하게 연결된다. 이럴 때 셀 안에 역동성이 살아난다. 새
가족도 더 잘 정착한다. 셀이 부흥한다. 셀이 부흥하면 청년공동체 전
체가 그리스도의 몸 된 공동체로 체질이 개선된다.

리더모임의 실제

리더모임은 여러 시행착오를 거쳐 다음과 같은 순서로 정착했다.
(이러한 일정이 갈수록 청년들에게는 벅차게 느껴질 수 있다. 공동체에 따라
리더모임의 시간을 1-2시간 내외로, 때로 함께 모이기가 어려운 경우에는 온
라인을 통해서 함께하는 것도 좋다.)

1. 19:30 – 19:50 찬양 및 중보기도
2. 19:50 – 20:00 새가족 소개 및 중보기도
3. 20:00 – 20:25 리더 메시지
4. 20:25 – 20:50 셀 나눔 교재 본문 공부
5. 20:50 – 22:20 셀 점검, 팀별 본문 연구 및 셀 나눔 교재 공부
6. 22:20 – 22:30 전체 광고 후 구호 외치고 마침

모임 시작 1시간 전에 보드게임(블루마블, 클루, 젠가 등등)을 청년
공동체실에 풀어 놓는다. 이는 리더십의 공동체성 함양과 리더 상호
간의 친교를 위해서다. 시간이 여유 있는 리더들은 모임 시작 전에
와서 함께 게임을 즐긴다. 이 시간을 통해 다른 팀의 리더들도 자연
스럽게 합류하여 서로 교제한다. 각 순서를 좀 더 자세히 살펴보자.

▪ 찬양 및 중보기도: 한동안 리더모임에는 통성기도 시간이 없었다. 전에 리더모임에서는 교역자가 간단한 기도로 모임을 시작한 후 바로 강의로 들어가곤 했었다. 그러나 이런 간단한 기도로는 청년 리더들의 마음이 쉽게 열리지 않음을 발견하였다.

금요일 모임의 경우, 지친 마음으로 교회에 오는 리더들이 많다. 청년들이 한창 바쁜 월말이나 분기말의 경우 리더모임의 분위기가 가라앉는다. 대학생의 경우 중간고사나 기말고사에 즈음해서 분위기가 가라앉는다. 이들이 세상에서 눌리고 시달리다가 금요일 저녁 리더모임 시간이 되어 온 것이다. 교회에 와서 바로 간단히 대표기도하고 모임을 시작하면 다들 힘이 없다. '이 시간에 내가 왜 여기 왔는가, 차라리 집에 갈걸' 하며 후회하는 눈빛이다. 이러한 분위기가 금요 리더모임 가운데 종종 되풀이되었다. 이래서는 안 되겠다 싶었다.

어느 금요일 리더모임 시간에 교역자가 직접 찬양을 인도하며 기도회를 인도했다. 영혼의 회복과 새 힘을 주시도록 약 40분간 기도하며 찬양하였다. 이때 리더모임은 눈물바다였다. 세상에서 지치고 힘들었다가 기도와 찬양을 통해 새 힘을 얻은 것이다. 이 사건 이후로 금요일 저녁에는 찬양과 기도 없이 리더들의 마음이 바로 훈련을 받을 준비가 되기 힘들다는 것을 알았다. 그 이후로 모임의 시작과 함께 찬양과 기도는 필수적인 순서로 들어간다. 세상으로 향해 있던 초점을 다시 하나님께로 모으는 것이다. 그리고 자신의 심령을 돌아보며 기도한다. 또 하나님께서 맡겨 주신 셀원 하나하나를 위해 이름을 부르며 기도한다.

▪ 새가족 소개 및 중보기도: 지난주 등록한 새가족을 소개한다.

청년공동체에서는 등록한 새가족과 양육을 담당할 양육리더와 함께 디지털 카메라로 사진을 찍어 둔다. 미리 찍어 두었던 사진을 리더모임 때 프로젝터를 이용하여 큰 화면에 보여 주며 소개한다. 이때 새가족이 배치될 셀을 미리 셀 리더에게 알려 주어 기도로 준비하게 한다. 새가족 양육을 마치고 각 셀에 배치되었을 때 리더가 어색하지 않도록 미리 준비시키는 것이다. 이 시간이 단순히 소개 시간이 되지 않도록 하기 위해 새가족을 소개한 후 모든 리더들이 새가족을 위해 함께 기도한다. 화면을 통해 얼굴까지 보았으니 더욱 간절히 기도하게 된다. 혹 청년부나 대학부에 등록한 인원이 없으면 새신자를 보내 달라고 함께 기도한다. 이 시간을 통해 하나님의 응답을 종종 경험한다.

■ 리더 메시지: 리더 메시지는 리더들이 반드시 공유해야 할 내용을 전한다. 청년대학 공동체의 핵심가치인 WEEP, 소그룹 인도법, 커뮤니케이션 등 주제는 다양하다. 때로는 좋은 책을 한 권씩 선정해서 매주 한 장씩 읽어 나가는 것으로 한다. 《좋은 기업을 넘어… 위대한 기업으로》(짐 콜린스)를 한 장씩 읽어 오게 한 후, 청년 리더 공동체에 적용하여 강의하기도 했다. 일반 서적이지만 교회 공동체와 크리스천 리더십에 적용하여 다루니 많은 것을 배울 수 있었다. 그렇다고 일반 서적만 다루는 것은 아니다. 《하나님을 아는 지식》(제임스 패커)과 같은 고전적인 신앙 서적도 다룬다.

■ 셀 나눔 교재 본문 공부: 이 시간에는 두 종류의 유인물이 나간다. 하나는 주일에 공부할 셀 나눔 교재이고, 다른 하나는 선포할 말씀에 해당되는 본문을 인쇄한 것이다. 교역자는 이때 셀 교재는 직접 다루지 않고 본문만을 다룬다. 본문을 정확하게 이해하면 셀 나눔 교

재를 다룰 수 있기 때문이다.

① 리더용 셀 나눔 교재: 셀 나눔 교재는 금요일 오전까지 '리더용 교재'를 따로 완성하여 임원 카페에 올린다. 리더용 교재에는 셀 나눔 교재를 다루는 데 필요한 해설이 들어간다. 서기는 이것을 프린트하여 준비한다. 이때 필요하면 리더들이 인도할 때 도움이 되는 자세한 설명과 질문의 의도를 싣는다.

② 본문 연구자료: 본문은 신약과 구약의 말씀을 모두 싣는다. 보통 구약은 신약 말씀과 연관된 본문을 선정한다. 본문은 네 가지 다른 역본(개역한글, [표준]새번역, NIV, NRSV)을 싣는다. 서로 다른 역본을 제시하는 것은 성경 원문에 있는 표현을 좀 더 정확하게 이해하고 그 안에 숨겨진 미묘한 뜻을 잡아내기 위해서이다. 개역한글과 NRSV는 거의 원문 성경을 원래의 문자적 해석에 가깝도록 번역한 역본이다. [표준]새번역과 NIV는 정도의 차이는 있지만 원래의 뜻을 오늘의 우리에게 이해하기 쉽도록 의역한 부분이 많다. 이것을 역동적 등가번역(Dynamic Equivalence Translation)이라고 한다. 셀 본문 공부 시간에는 본문의 의미를 서로 다른 역본을 대조해 가며 설명해 준다. 왜 여기서는 이러한 표현을 하였고, 저 역본에서는 저런 의미로 번역을 했는지를 설명하다 보면 그 사이에 감추어진 깊은 영적 보화를 캐내기도 한다. 청년예배에서 진행되는 설교가 마태복음 강해이므로 본문 연구 시간에는 신약 마태복음을 중심으로 공부해 간다. 여기서는 마태복음 전체에서 본문의 위치, 본문의 배경, 각 역본 간의 차이점과 그 숨은 의미, 본문의 난해한 구절 등을 한 절 한 절 내려가며 설명해 준다. 필요하면 성지에 관한 사진 자료도 프로젝터를 통해 보여 준다.

▪ 셀 점검, 팀별 본문 연구 및 셀 나눔 교재 공부: 교역자와 함께 본문 연구를 마치면 각 팀별로 흩어져 팀별 시간을 갖는다. 이때 팀장은 각 셀리더, 부리더를 점검하고 셀원들의 동정을 살핀다. 간단한 점검과 서로의 삶을 나눈 후 셀 교재를 본문 연구 자료와 함께 놓고 공부한다. 각각의 문제를 어떻게 접근할 것인가를 함께 고민한다. 이런 고민은 주일 청년예배 후 이어지는 셀 모임에 자신감을 준다. 이때 리더들 간의 깊은 나눔이 먼저 일어난다. 팀웍이 형성된다. 이러한 리더들 간의 나눔은 팀 안에서 공동체 의식을 형성하는 기초가 된다. 이 시간에 교역자는 각 팀 모임을 돌아보며 셀 리더들의 근황을 묻고 격려한다.

▪ 전체 광고 및 구호: 셀 나눔 교재 공부를 팀별로 마치고 나면 함께 모여 찬양을 한다. 그리고 전체 리더들이 알아야 할 공지사항을 알리고 함께 구호를 외친 후 마친다. 리더들이 함께 외치는 구호는 다음과 같다. "예배 가운데 주의 영광을 보리라." "주의 말씀 위에 서리라!" "메뚜기도 한철이다!" "강한 성도로 서리라!" 각 구호에 대한 이야기는 뒤에서 하도록 하겠다.

팀장 모임, 청년 팀장이냐 교사 팀장이냐?

▪ 전환기의 교사 팀장: 청년공동체에서는 적게는 다섯 개에서 많게는 여덟 개까지의 셀을 하나로 묶어 팀을 이룬다. 팀장은 팀 안의 각 셀 리더를 맡아 돌보고 격려하는 역할을 한다. 먼저 언급했듯이 팀장 체제는 단계별 성경공부에서 셀 체제로 전환하면서 시작되었다. 처음에 팀장 역할을 교사가 담당했다. 교사가 담당했던 이유는 두 가지다.

첫째는 교사들이 단계별 성경공부를 맡아 가르치다가 갑자기 셀 체제로 전환되고 보니 할 일이 없어졌다. 교사가 담당할 만한 임무가 필요했다. 둘째는 리더들의 교사 의존성을 배려해서였다. 그동안 청년들은 성경공부를 통하여 교사에게 거의 전적으로 의존해 오다가 갑자기 셀 모임을 인도하는 리더로 서게 되었다. 비록 홀로 서게 되었으나 리더들은 여전히 교사의 배려와 돌봄을 그리워했다.

이상의 이유들로 교사에게 팀장의 역할을 부여하였다. 팀 안의 리더들과 부리더들을 돌보고, 팀 전체 모임을 주관하고 인도하게 하려는 의도에서였다. 팀 모임은 예배 후 셀 모임으로 흩어지기 전에 갖는다. 팀 모임에서는 팀원 상호 간의 교제와 생일축하, 팀 전체 광고를 알리고 마친다.

팀 모임을 인도하는 가운데 교사의 특징에 따라 다양한 분위기가 형성되어 갔다. 교사의 따스한 돌봄으로 친밀한 분위기를 형성한 팀도 있었다. 전에 일방적인 강의식으로 성경공부를 인도하는 것에 익숙했던 교사는 팀 모임도 그런 식으로 인도하려고 하였다. 팀 모임이 성경강의 시간처럼 진행되는 팀도 있었다. 그러나 얼마 가지 않아 팀원들이 더 이상 교사에게 집중하지 않았다. 어서 셀 모임으로 가고 싶어 했다. 예배의 감격이 팀 모임 시간에 식기 때문이다. 이러한 시행착오에도 불구하고, 헌신적인 교사들의 도움으로 셀 체제가 안정되는 기간은 오래 걸리지 않았다.

교사들에게 감사하면서도 한편으로 죄송했다. 가르치는 일이 많이 줄어들었기 때문이다. 보통 예배 후에는 팀 모임이 간단했다. 각 팀은 짧은 팀 모임 후 셀로 흩어졌으므로 교사들은 대부분 팀 모임 이후 시간에 할 일이 없었다. 셀 모임에 들어가면 셀 리더들이 부담스러워했다. 교사들이 매번 참여할 수도 없는 일이었다. 셀 모임 초기에 교사들은 팀 모임 외에는 특별한 일이 없었다. 교사들의 태업사태(?)가 발생한 것이다. 자연히 교사들 가운데 무엇인가 가르치는 일이 있었으면 하는 바람이 있었다.

■ 교사 팀장에서 청년 팀장으로: 셀 체제가 정착되어 감에 따라 셀 리더들의 독자적인 리더십 역량이 많이 자랐다. 그래서 둘째 해에는 청년 팀장을 세웠다. 그동안 수고하시던 교사 여러분이 부득이한 사정으로 그만두게 되었던 것도 그 이유 중 하나였다. 전해에 수고하시던 열 분의 교사 중 세 분만이 남게 되었다. 교사를 더 충원할 수도 있었지만 청년 리더십을 생각해서 충원하지 않았다.

둘째 해에는 새로 임명된 청년 팀장들에게 셀 리더를 맡기지 않고 전에 교사가 수행했던 팀장 역할을 감당하도록 하였다. 청년 팀장이 세워짐으로 팀 안에서 좀 더 역동적인 관계로 엮어지기를 기대했다. 교사 팀장 때보다는 팀 분위기가 역동적이었지만, 팀장이 셀 리더만을 통솔하고 셀 모임은 참석하지 않자, 교사 팀장 때와 비슷한 현상이 일어났다. 어쩌면 당연했다. 각 셀을 돌보라고 했지만, 팀장이 셀 모임에 가면 셀 리더가 여전히 부담스러워하였기 때문에 팀장이 셀 모임에 들어가기가 조심스러웠다. 두 번째 해의 청년 팀장은 교사의 역할을 대신하여 팀장이 되었지만 여전히 팀 내의 셀과는 분리된 팀장이었다. 청년 팀장 체제가 운영되면서 팀 전체적인 역동성이 향상되었다. 그러나 교사의 부재로 인해 전체적인 안정감이 떨어졌다. 팀마다 어른이 있어야 할 필요를 다시 감지했다.

청년 팀장과 팀 지도교사

셋째 해에는 청년 팀장을 세우되 청년 팀장이 셀 리더를 겸임하도록 하였다. 단순히 팀 모임만 이끌도록 하면 자칫 셀과 분리되어 공중에 뜰 수 있기 때문이다. 청년 팀장이 생생한 현장감을 갖고 영성을 유지하려면 셀을 맡아야 한다. 물론 이렇게 되면 자칫 팀장이 할 일이 많으므로 부담스러울 수도 있다.

이를 보완하기 위해서 교사 제도를 새롭게 보완하여 도입했다. 셋째 해, 청년공동체에서는 교사를 추가하여 모두 여덟 분을 확보하였다. 청년 팀장이 전체 모임을 이끄는 가운데, 교사는 각 팀을 뒤에서 돌보고 후원하는 역할을 담당한다. 이러자 팀장과 교사의 역할이 제자리를 잡아 갔다. 3년째 되어서야 비로소 팀장 체제가 안정되었다. 점차 팀장이 앞에서 인도하고 교사는 전체적으로 안정감을 유지해 주고 후원해 주는 안정된 팀 체제가 정착되었다.

팀장모임의 실제

팀장 모임은 부임 첫해의 경우, 한 달에 한 번씩 교사들과의 모임이었다. 이때는 교사들이 팀장의 역할을 담당했던 때였다. 팀장모임에서는 한 달 동안 팀 안에 있었던 일을 서로 나누고 팀장을 맡은 각 교사의 고충을 들어 주고, 또 교사의 영적 성장을 위해 책을 한 권 선정해 읽어 와서 나눔을 갖도록 했다. 다음 해에는 팀장이 교사에서 청년 리더로 바뀌었기에 보다 신경을 쓰고 돌볼 필요가 있었다. 이때는 팀장모임을 매주 토요일 저녁 6시 30분부터 9시까지 진행하였다. 그러나 교역자로서는 주일을 준비해야 하기 때문에 토요일 저녁 시간이 부담이 되었다. 시간이 갈수록 교역자도 지쳐 갔다. 그해 하반기에는 팀장모임 시간을 주일 오전으로 옮겼다. 이것이 3년째 되는 해에도 계속 이어졌다. 팀장모임은 이런 저런 시행착오를 거쳐 마침내 주일 오전 11시 40분부터 1시 10분까지 진행하게 되었다. 팀장모임에서 팀장은 각 팀의 동정과 운영 상황을 교역자에게 알려 준다. 그리고 교역자는 청년공동체의 진행 방향 전체를 각 팀에게 알려 주어, 각자 창의적이고 개성적으로 팀을 운영하되 전체 방향과 일치하도록 서로 방향을 조율한다. 팀장모임에는 청년 공동체 회장이 함께 참여한다. 이는 팀장이 각 팀의 운영에서 행정적으로 조율할 일이 생기는 경우를 대비해서다. 행정적 요구가 있을 때 회장이 이것을 수렴하였다가 임원회의에서 임원들과 함께 논의하여 반영한다. 팀과 셀에 대한 전반적인 검토가 끝나면 팀장 성경공부를 함께 진행한다.

교사 제도의 활용

웬만한 규모의 청년공동체 가운데 교사 제도를 실시하는 청년부가 많다. 그러나 많은 경우 교사 제도가 그다지 성공적이지 않은 것 같다. 그것은 교사에 대한 분명한 필요 인식과 역할 규정이 없기 때문이다. 교사에 대한 분명한 정의와 역할 분담 없이 교사 제도를 도입했다가는 자칫 청년들에게 간식을 제공해 주는 분으로 전락하고 만다. 한 청년사역 전문가에 따르면 많은 교회 청년부에서 교사 제도를 도입하지만 번번이 실패한다고 한다. 오히려 간사 제도를 도입하여 좋은 결과를 얻는다는 것이다. 하지만 지방에 있는 교회에서 간사 제도를 도입하기란 쉽지 않다. 간사의 역할을 해낼 만한 사람을 찾기가 쉽지 않기 때문이다. 우리 청년공동체에서는 몇 번의 시행착오를 거쳐 교사들이 사역할 수 있도록 제도를 마련했고, 현재 교사들은 매우 훌륭히 역할을 감당하고 있다.

교회에서 청년부 교사를 할 정도라면 나름대로 상당한 전문 분야와 인생 경험이 축적된 평신도일 것이다. 이런 사람이라면 청년의 고민을 이미 겪었고 청년의 사정을 이해할 수 있다. 교사 제도를 제대로만 활용한다면 청년사역에 큰 도움이 될 수 있다. 그러나 교사 제도를 활용하기 전에 무엇보다 교사의 역할을 명확하게 규정해 주어야 한다. 무조건 교사로 임명만 해놓고 알아서 일거리를 찾도록 방치해서는 안 된다. 자칫 이러지도 못하고 저러지도 못하는 애매한 존재가 될 수 있기 때문이다.

교사 제도를 활용하는 경우 고려해야 할 부분이 있다. 청년부 교사를 할 정도의 평신도라면 나름대로 사회에서 중책들을 맡은 경우가 많기에 매우 바쁘다는 것이다. 평일에 시간을 내기가 참 어렵다. 그러므로 가능한 주말이나 주일에 모든 사역을 집중하도록 배려해야 한다.

셀 체제로 전환하면서 교사들에게 팀장 역할을 부탁했을 때, 상당수 교사가 팀 모임을 제대로 참석하지 않는 일이 발생했다. 주일에도 직장일로, 가정일로 팀 모임에 시간을 할애하지 못하기 때문이다. 어떻게 보면 이것은 우선순위의 문제이기도 했다. 사실 당시 팀장으로서 교사의 역할도 그다지 중요하게 생각하지 않았고, 모임 자체도 큰 준비가 필요 없는 모임이었기에 팀 안의 셀 리더 중 하나에게 팀 모임을 부탁하고 자리를 비워도 공백이 그다지 크게 느껴지지 않았다. 이러한 일이 빈번하게 발생하면서 나 자신조차 교사들에게 어떠한 역할이 필요한지 확신이 분명히 서지 못했다.

이듬해, 교사 규모가 대폭 축소되었다. 교사들의 사정으로 그만두게 된 경우가 많았다. 교회 측에서도 새로운 교사 여러 명을 당장 구하기가 쉽지 않았다. 계속해서 충원을 요구할 수도 있었지만 더 이상 요구하지 않았다. 교사의 역할에 대한 확신이 없는 것도 그 이유 중 하나였다. 그렇게 한 해를 지냈다. 그러자 연말에 각 팀에서 나오는 소리가 있었다. 그것은 교사의 존재가 사라지니 팀 안에 안정감이 없다는 것이다. 인생의 깊은 고민과 갈등이 있을 때 누군가와 상의해야겠는데 신뢰할 만한 사람이 없는 것이다. 교사의 존재는 팀 안에 안정감을 준다. 청년들끼리의 모임에서도 교사가 특별한 일을 하지 않는다 하더라도, 뒤에서 뒷받침해 주는 것이 청년 리더만으로 운영하는 것보다 안정감이 있었다.

이즈음 청년공동체 안에 또 다른 요구가 생겼다. 그것은 기존의 단계별 성경공부 체제에서 셀 조직으로 옮겨 가면서 폐지했던 성경공부의 욕구였다. 활발하게 셀 나눔을 하면서 성경에 대한 체계적인 지식이 부족함을 자각했던 것이다. 체계적이고 깊이 있는 성경 지식은 셀 나눔을 촉진시키는 매개체가 된다. 즉, 셀 모임 가운데 하나님의 거룩함을 세상에 드러내고 적용하도록 활용할 수 있는 도구가 될 수 있는 것이다. 셀 나눔에 깊이 들어갈수록 신앙의 기초를 쌓고, 좀 더 체계적으로 성경을 공부하고 싶다는 욕구가 청년들 가운데 생겨났다. 전에 있던 단계별 성경공부 제도를 폐지했지만, 그것도 활용할 장점이 있었던 것이다. 그렇다고 이제 와서 교역자 혼자 청년들의 필요에 따른 성경공부반들을 모두 인도할 수 없었다. 그러기에는 너무 벅찼다. 이때 교사 제도는 이러한 문제를 해결할 수 있는 적절한 대안이었다.

청년들로만 팀장 체제를 이끌어 나갔던 부임 2년째 해에는 이미 성경공부에 대한 필요가 있었다. 그래서 작은 단위지만 성경공부를 시행하였다. 당시 계시던 세 분의 교사들에게 성경공부를 부탁하였다. '신앙기초반'이라는 이름으로 12-16주간의 성경공부반을 개설하였다. 교재로는 두란노에서 나온 《일대일 제자양육》을 선정하였다. 성경공부에 관심 있는 지체들을 모아 청년예배 전에 성경공부반 세 개 반을 개설하였다. 또 신앙 기초가 없는 새신자를 위해 새가족 양육과정 이후 별도로 6주의 기초 과정을 마련하였다. 교사들은 이 일을 기쁨으로 감당하였다. 이것은 교사들이 바라던 역할이었고, 꼭 필요한 역할이었다. 이것으로 청년들의 지적 욕구가 다소 충족되었다.

셋째 해에는 교사들의 역할을 대폭 확대하기로 하였다. 교회에 교사들의 충원을 요청했다. 다시 교사를 영입했다. 이제는 총 여덟 분의 교사가 각 여덟 개 팀의 팀장을 도우며 팀과 셀을 후원한다. 동시에 청년예배 약 두 시간 전에 성경공부반을 개설하여 관심 있는 지체들을 양육하도록 하였다. 전해에는 세 반이었던 신앙기초반이 이제는 여섯 반으로 확대되었고, 선택강의도 하나 개설했다. 바로 '기독교적 세계관'이었다. 이는 일대일 제자양육 교재를 마친 지체들을 위해 개설한 공부였다. 교사 중에 기독교적 세계관에 관심이 많은 분이 계셨다. 어느 날 이분이 새로운 성경공부를 하면 어떨까 하며 기독교적 세계관 공부를 제안하신 것이다. 청년들의 호응이 참 좋았다. 20명이 넘는 청년이 몰려들어 함께 공부했다.

셋째 해 교사 제도를 다시 확대할 때, 처음 청년공동체에 오신 교사들에게는 가능한 한 일대일 제자양육 교재를 필수적으로 가르치도록 하였다. 왜냐하면 교사도 가르치면서 스스로 신앙을 점검하며 배울 수 있는 시간이 필요하기 때문이다. 아무리 신앙 경력이 있다고 해도, 처음 청년공동체에 오면 공동체의 예배에 적응하고 셀 모임을 이해할 시간이 필요하다. 그렇게 하지 않으면 자칫 교역자와 다른 방향으로 나아갈 수 있다.

3년째가 되어서야 교사 제도가 비로소 안정되었다. 이제는 교사가 팀장의 일을 보완하며 중요한 역할을 담당한다.

참고로 교사들이 담당하는 성경공부를 구체적으로 열거하자면 다음과 같은 것들이 있다.

초신자반 새가족 입문과정을 마치고 좀 더 신앙의 기초를 다지고 싶은 지체를 위한 약 6주간의 성경공부반. 교재는 IVP 기초 성경공부 시리즈인 《원투원》(*One to One*)을 사용하였다.

신앙기초반 12-16주 과정. 《일대일 제자양육》 사용.

관심에 따른 다양한 성경공부: 기독교적 세계관, MBTI, 진로와 신앙, 신앙과 경제, 창조과학, 창세기 등등.

예비리더모임

셀 조직을 운영하려면 리더의 원활한 수급이 중요하다. 전에 단계별 성경공부 체제를 운영할 때는 리더의 수급 문제가 그다지 중요하지 않았다. 교사들이 리더의 역할을 대신해 가르쳤기 때문이다. 청년들은 배울 열의를 갖고 성경공부반에 참여하기만 하면 되었다. 우리 청년공동체의 경우, 셀 조직으로 전환하면서 인원이 증가해 소그룹에 참여하는 인원이 늘어났다. 어떤 셀은 인원이 28명이나 되었다. 각 셀마다 리더 한 사람이 담당할 수 있는 인원이 거의 포화상태에 이르렀거나 넘어 버렸다. 새로운 리더를 발굴하여 훈련시켜야 할 필요성이 대두되었다. 문제는 기간을 어느 정도로 잡고 어떠한 커리큘럼으로 훈련하느냐 하는 것이었다.

예비리더 훈련 기간

청년사역 매뉴얼인 《청년사역, 맨땅에 헤딩하지 말자!》에서 저자는, 리더 훈련 기간의 기준을 다음과 같이 제시한다.[9]

- 3개월: 인원이 갑자기 늘어나거나 리더의 수가 현저히 부족할 경우에 적합하다. 그러나 이 경우에 교역자는 리더로 세운 이후에도 지속적인 관심을 쏟아야 하며 리더십이나 소그룹 인도에 대한 일일세미나 등 특별프로그램을 기획하는 것이 좋다.
- 6개월: 일반적인 경우에 적당하다. 회원이 꾸준히 늘어나고 인원파악이 예측 가능한 경우에 적합하다.
- 12개월: 회원의 유동성이 적고, 소그룹이 잘 정착되어 있는 공동체로서 좀 더 강도 높은 훈련과 내실 있는 리더훈련을 시키고자 할 때에 적합하다.

위의 기준을 볼 때 우리 공동체에 적합한 기간은 3-4개월이라고 생각했다. 그 이유는 다음과 같다. 첫째 청년공동체 인원이 갑자기 늘어났고, 둘째 인구 유동이 심한 도심 지역이다 보니 리더가 될 만한 청년들이 그 지역에 오래 머무르지 않고 다른 도시로 옮겨 가는 경우가 생겼다. 새로운 리더 수급이 절실하게 필요했던 것이다.

사역 부임 첫해 여름이 지나고 9월 초에 예비리더 훈련과정인 DTS(Disciple Training School, 제자훈련학교)를 개설했다. 이 과정은 셀리더를 발굴하고 훈련하기 위한 목적으로 개설되었다. 이 과정은 교역자가 직접 담당하였다. 부임 첫해 제1회 DTS를 시작한 이래 예비리더훈련과정은 매년 가을에 시행했다.

날짜	내용	비고	과제
9.6 [1]	전체오리엔테이션 및 자기소개 & 대청구조론 및 지난 발자취	예비모임(8.31)때 대략적 오리엔테이션을 갖는다.	《네 신을 벗어라》 요한복음 1독
9.13	추석	휴강	요한복음 2독
9.20 [2]	예배(Worship)		《습관과 영적성숙》 마가복음 1독
9.27 [3]	전도(Evangelism)		마가복음 2독
10.4 [4]	양육(Education)		《천로역정》 로마서 1독
10.11 [5]	기도(Prayer)		로마서 2독
10.18 [6]	효과적인 의사소통(1)		《그리스도를 본받아》 사도행전 (1-14장)
10.25 [7]	효과적인 의사소통(2)		사도행전 (15-28장)
11.1 [8]	효과적인 의사소통(3)		《영적리더십》 고린도전서 1독
11.8 [9]	크리스천 리더십(1)		고린도전서 2독

11.15 [10]	크리스천 리더십(2)		야고보서, 잠언(12장까지)
11.22 [11]	성경 파노라마 – 구약		제출마감 잠언(12-31장)
11.29 [12]	성경 파노라마 – 신약		요한일·이·삼서, 베드로전서, 빌립보서, 에베소서, 디모데전서
11.30	수료식	대청 예배 때 수료증서 수여	

커리큘럼 내용

▪ 청년공동체 구조론: 청년공동체의 구조에 관한 것이다. 리더들이 거시적인 안목으로 청년공동체를 볼 수 있도록 돕고 각 조직의 필요성과 유기적인 연결 관계에 대하여 공부한다.

▪ WEEP: 조직에 대한 전체적인 이해 후, 청년공동체의 핵심가치인 예배, 전도, 양육, 기도에 대해 깊은 이해를 갖도록 한다.

▪ 효과적인 의사소통: DTS 커리큘럼 중 독특한 것은 효과적인 의사소통에 대한 강의가 3주간 있다는 것이다. 크리스천 리더로서 의사소통의 중요성에 대해서 특별히 생각하게 된 계기가 있었다. 2002년 여름 약 3주간 미국 하와이 마우이 섬에서 열린 하가이(Haggai Institute) 리더십 세미나에 참석할 기회가 있었다. 여기서 '복음전도를 위한 효과적인 의사소통'(Effective Communication for Evangelism)이란 과목을 6일간 총 9시간에 걸쳐 듣게 되었다. 청년 리더들이 반드시 알아야 할 내용이라고 공감하였다. 그래서 그 내용을 기초로 효과적인 의사소통 과목을 제자훈련과정에 포함시켰다.

▪ 크리스천 리더십: 기독 청년으로서 발휘할 리더십, 그리고 셀

안에서의 리더십을 생각한다.

　▪ 성경 파노라마: 각 성경에 대한 개관을 살펴보고 성경에 대한 전체적인 큰 그림을 갖도록 한다.

　예비리더학교를 통해 잠재적인 리더들을 성장시키는 것을 기대한 것은 아니었다. 현실적으로 3개월이라는 짧은 기간에 큰 성장을 기대하는 것은 무리였다. 이 프로그램을 통해 기대했던 것은 이미 어느 정도 준비된 잠재적인 리더의 '발굴'이었다. 여기서 '잠재적 리더'란 스스로 동기부여가 되어 있고, 신앙의 기본기가 어느 정도 갖추어진 사람을 의미한다. DTS 훈련 기간은 이러한 사람들을 분별하여 셀 리더로서 기본적인 사항을 갖추도록 돕는 기간이라고 할 수 있다. 리더로서 필요한 구체적이고 세세한 준비는 사역을 해나가면서 배우면 된다. 또한 리더모임을 통해서도 셀 운영에 필요한 실질적인 내용들을 보완해 준다.

　지금은 12주의 교육기간을 6주로 줄여서 운영하고 있다. 갈수록 청년들이 12주의 기간을 헌신하기가 쉽지 않고, 준비하는 교역자도 목회 활동이 겹치다 보니 핵심 내용을 중심으로 6주 동안 혼신을 다해 강력한 동기부여가 일어나도록 돕는다.

특별 양육과정

예배의 연장, 겨울수련회

　흔히 수련회라고 하면 낮에는 재미있는 레크리에이션, 저녁에는 은혜로운 집회를 생각하기 쉽다. 그동안 청년공동체에서 실시해 왔던 프로그램도 대부분 이런 형식이었다. 그러나 청년예배의 역동성이 셀 조직에 유기적으로 이어지면서 겨울수련회는 예배의 연장으로 이해되었다. 이러한 이해에 따라 수련회 프로그램이 예배의 연장선상에서 기획되었다. 바꾸어 말하면 청년예배와 셀 모임 가운데 진행되던 활동들이 확대된 것이 겨울수련회였다. 기존의 2박 3일이었던 겨울수련회는 이듬해 겨울부터 3박 4일간으로 연장하여 진행하였다. 수련회 기간 동안 성경의 한 책을 선택하여 중요한 부분을 장별로 연속하는 강해설교를 시행했다. 직장생활을 하는 청년들을 위해서는 따로 저녁마다 2-3일을 진행하기도 하였다. 저녁집회에 선포되는 말씀 본문은 리더모임 때 나누어 주는 본문 연구자료 형태로 준비하여 수련회 당일 아침에 나누어 준다. 이것은 성경의 서로 다른 네 역본(개역한글, [표준]새번역, NIV, NRSV)을 한 장 단위로 끊어 성경을 좀 더 깊이 볼 수 있도록 준비한 자료이다. 수련회 기간 동안 매일 한 장씩, 사흘치를 준비한다. 이 자료를 참여한 모든 사람들에게 나누어 주고 오전에 90여 분간 개인적으로 묵상하며 귀납적으로 연구하게 한다. 잠깐의 휴식 후, 각자 연구한 내용을 다시 셀별로, 혹은 팀별로 모여 90여 분간 나눈다. 나눔 후 전체가 함께 모여 나누면서 궁금했던 것을 질문한다. 그리고 오후에는 전날 받은 은혜를 간증문으로 작성해서 서로 나눈다. 그리고 오후에 산기도를 다녀온다. 셋째 날에는 각 팀마다 개성(?) 있게 이해했던 본문을 근거로 드라마를 준비해서 발표하기도 한다. 저녁집회 시간에는 이 본문을 중심으로 말씀을 선포한다.

　　너무 지루하고 재미없을 것 같은가? 청년들도 처음에 그렇게 생각했었다. 첫 수련회에는 사전에 프로그램 발표를 하지 않았다. 친교와 레크리에이션 시간을 거의 배제시키고 기도와 말씀만으로 이루어진 집회 일정에 답답함을 느끼거나 충격을 받을 것 같았기 때문이다. 수련회장에 가서 프로그램을 발표하자 예상대로 다들 황당해했다. 어떤 지체는 땅만 쳐다보고 한숨을 내쉬었다. 모처럼 즐거운 시간을 가지려 했는데, 아침부터 저녁까지 기도, 말씀, 찬양이다. 프로그램을 발표하던 첫 시간부터 전체적으로 프로그램의 무게에 짓눌리는 분위기였다.

결과는? 처음의 생각과 완전히 달랐다. 하루가 다르게 말씀 속으로 깊이 빠져 들었다. 말씀을 근거해서 서로의 삶을 깊이 있게 나누는 분위기가 조성되었다. 서로가 받은 은혜를 나누다 눈물지으며 함께 기뻐하였다. 본문을 드라마로 표현하면서 서로의 숨은 재능이 드러나게 되었다. 저녁집회 전 찬양 시간에는 한 시간 정도 찬양한다. 집회는 한 시간에서 한 시간 반 정도 강해설교로 진행한다. 이미 오전에 서너 시간씩 씨름했던 본문들이기에 저녁 설교 시간에는 눈을 반짝이며 듣는다. 기도 시간에는 이 말씀 앞에 강렬히 반응한다. 이렇게 하다 보면 말씀의 능력이 살아 역사하여 집회가 순식간에 지나간다. 심지어는 저녁집회만 5시간이 훌쩍 넘어가는 경우도 있었다. 이렇게 사흘 밤낮을 말씀과 찬양과 기도로 푹 삶고 돌아오면 공동체의 전체적인 분위가가 달라진다.

이렇게 진행했던 수련회는 새로운 셀 조직이 정착하는 데 큰 역할을 한다. 매년 초, 청년공동체에서는 전체 셀 조직을 완전히 새롭게 조직한다. 새 조직으로 분위기가 아직은 어색할 무렵, 수련회는 아직 서먹서먹한 셀 구성원들 상호간에 말씀을 매개체로 서로의 삶을 깊이 나눌 기회를 제공한다. 수련회를 통해 짧은 시간 안에 서로가 무척 가까워진다. 말씀을 매개로 교제하기 때문이다. 수련회를 마치고 돌아오면, 예배 후 셀 모임 안에서 말씀을 진지하게 나누는 분위기가 매우 빠르게 형성된다.

겨울수련회 각 항목의 구체적인 프로그램을 설명하면 다음과 같다.

■ 귀납적 성경연구법 특강: 이것은 수련회 기간 동안 개인별, 그룹별로 진행할 귀납적 성경공부에 대한 개괄적인 안내 시간이다. 이때 본문 자료를 어떻게 활용하며, 본문을 어떤 시각으로 바라보며 접근할 것인지를 배운다. 이러한 접근법을 배움으로 청년들은 평소 성경을 읽을 때, 또 날마다 하는 말씀 묵상(QT)도 좀 더 깊이 있게 하는 방법을 배운다. 이때 참고할 자료로는 IVP에서 나온 《성경연구핸드북》이 유용하다.

■ PBS(개인성경공부): PBS는 개인성경공부(Personal Bible Study)의 약자이다. 이때는 그날 저녁 선포할 말씀의 본문이 네 가지 역본으로 실린 본문 연구자료를 활용하여 약 한 시간 반에서 두 시간가량 개인적으로 연구한다. 팀별, 셀별로 함께 모여 각자 조용하게 연구한다. 이때는 삼색 형광펜을 나눠 준 뒤 중요한 부분, 새로 발견한 부분 등에 표시해 가며 본문을 묵상하도록 한다.

■ GBS(그룹성경공부): GBS는 그룹성경공부(Group Bible Study)의 약자이다. 이 시간은 PBS에서 각자가 발견한 내용들과 질문들을 서로 나누는 시간이다. 처음 대학부로 올라온 새내기나 교회에 나온 지 얼마 안 된 지체의 경우 이 시간에 일어나는 열띤 토론을 보고 놀란

다. 이렇게 성경을 깊이 있고 다양하게 볼 수 있다는 사실에 신기해하며 성경의 깊이에 빠져든다. 이때는 서로 자유롭게 발견한 진리들을 나누고 본문에서 발견한 궁금한 점들을 정직하게 대면하여 서로 토론하는 시간이다. 지루할 것 같은가? 한 시간 반에서 두 시간을 나누고도 종종 시간이 짧다고 아쉬워한다. 이때 팀별로 지도할 교사 혹은 팀장이 있어야 한다.

- 정리: 이 시간은 PBS와 GBS를 통해 서로가 발견하고 나눈 진리들을 나누며, 특별히 PBS를 통해서도 풀리지 않는 궁금한 점을 묻는 시간이다. 이때는 저녁집회 때 말씀을 선포할 교역자가 돕는다.

- 새내기 환영회: 저녁집회 전에 새내기를 환영하는 시간이다. 새내기들이 눈치 채지 못하게 저녁식사 시간에 선배들이 집회실을 열심히 꾸민다. 그리고 각 셀에서는 몇 명씩 새내기들을 맡아 집회실로 가지 못하도록 식사 후 함께 산책을 나간다. 이때 서로 이야기를 나누며 사진도 찍는다. 밖에서 어느 정도 시간을 보내고 있을 때 모두 집회실로 모이라고 방송을 한다. 새내기들은 어찌된 영문인지 모르고 집회실로 올라간다. 이때 안에서는 케이크에 촛불을 켜고 환영할 준비를 하고 있다. 새내기들에게는 예상치 못한 기쁨을 누리는 시간이다.

- 개인 간증문 작성: 이때는 저녁집회를 포함하여 그날 하루 말씀을 통하여 받은 은혜를 자신의 삶을 돌아보며 적도록 한다.

- 셀별 간증 나눔: 전날 작성했던 각자의 간증문을 셀별로 모여 서로 나눈다. 이때 서로의 깊은 부분까지 이해하며 기도해 주는 시간을 갖는다.

- 팀별 간증 나눔: 이때는 각 팀별로 나눔 대표자 한 사람을 미리

선정하여 다 함께 모인 자리에서 간증하게 한다. 이때 나누는 간증은 듣는 이들의 마음을 감동시킨다.

▪ 연극 발표: 연극은 그동안 연구하고 은혜 받은 말씀 범위 중에 가장 인상적인 부분을 각자 받은 은혜의 관점에서 해석하여 팀별로 준비하여 경연하도록 한다. 이때 저마다의 독특한 재능이 쏟아져 나온다. 그뿐만 아니라 각 팀이 시도한 독특한 말씀 해석을 보는 것도 흥미롭다.

▪ 바다로: 수양관에서 가까운 서해 안면도에 가서 겨울 바다를 구경하고 돌아온다.

이 외에 추가하면 수련회에 활력을 불어넣는 프로그램으로 다음과 같은 것들이 있다.

▪ 수호천사가 되어 줄게: 수련회 프로그램 시작 전에 자신이 수호천사가 되어 줄 사람을 제비 뽑아 상대를 위해 사흘간 끊임없는 관심과 애정을 쏟고 기도해 준다. 수련회 기간 동안 세운 우편배달부는 계속 수호천사의 편지들을 배달한다. 수호천사가 누구였는지는 셋째 날 저녁집회 전에 발표한다.

▪ 사역팀 체험의 시간: 레크리에이션 시간을 없애고 사역팀 체험의 시간으로 대체하였다. 이 시간은 청년공동체 안에 있는 12개의 사역팀이 어떤 사역을 하는 것인지 가상 체험할 수 있도록 재미있게 진행한다. 이 시간은 사역팀 참여를 유도하기 위해 만들었다. 재미있는 오락적 요소를 많이 도입하여 호응이 좋았다. 사역팀 체험은 다음날 각 사역팀의 팀장과 팀원들이 준비하여 분야별 사역을 홍보하고 체

험하도록 하여 관심 있는 지체들의 사역팀 참여를 유도하도록 한다.

■ 산기도: 수양관 주변의 산에 위치를 정해 각 팀별로 산기도를 간다. 지금 대학생 세대는 산에서 기도했던 체험이 거의 없다. 그래서 산기도를 두려워하면서도 한편으로 호기심을 갖는다. 이 산기도 시간은 호응이 좋았다. 산에서 한 시간 이상씩 기도한 경험은, 앞으로 더 열심히 기도할 수 있다는 자신감을 심어 주었다.

활동 중심의 참여형 겨울수련회

이후 대전도안교회에서 실시한 직장인을 중심으로 구성된 28세 이상의 2청년부 겨울수련회의 경우, 첫날 저녁에는 집회로, 둘째 날은 국내 성지순례 프로그램으로 구성하였다. 직장생활 때문에 시간을 넉넉하게 낼 수 없는 청년들을 위하여 구성한 프로그램이다. 청년들은 그저 수동적으로 은혜 받는 수련회로 끝난 것이 아니라, 첫날 받은 은혜를 간직하고 둘째 날 하루 종일 전주 지역을 중심으로 한 신앙의 유적지를 순례하며 도전을 받는 시간으로 프로그램을 구성하였다. 함께 참여하며 돌아다니면서 공동체가 서로 가까워지고, 하나 되고 또 신앙선조들의 이야기를 들으며 도전받는 시간이 되었다. 그동안 주로 집회로만 구성했던 청년부의 프로그램을 획기적인 참여형 프로그램으로 바꾸자, 청년들의 반응이 참 좋았다. 청년들은 전주 한옥마을에서 한복을 빌려 입고 조별로 순례지를 돌아다녔다.

겨울 비전트립(Vision Trip)

많은 교회의 경우, 청년부에서 단기선교를 떠난다. 그러나 우리 교회의 경우, 비전트립을 떠난다. 이는 교회 전체의 선교 방향과도 맞물려 있다. 교회의 선교 정책은 페루 한 나라를 집중적으로 지원하는 것이다. 페루 한 지역만 20여 년간 지속적으로 지원했으며, 벌써 여러 명의 선교사를 집중적으로 파송하고 있다. 청년들로서는 페루 땅을 밟으며 그곳의 선교사님을 도와 사역을 하는 것이 소망이지만, 아직 청년으로서 페루를 가기에는 재정적으로 부담이 있고, 그 외에 비자와 시간 등의 문제로 페루 단기선교를 아직 시도하지는 못했다.

그 대신 기획한 것이 비전트립이었다. 독일과 프랑스를 중심으로 종교개혁 중심지와 수도원들을 돌아보고 왔다. 비전트립에서는 많은 교회에서 의도하는 선교의 개념을 배제하였다. 순수하게 비전을 발견하고 시야를 넓히는 글자 그대로 비전트립의 목적으로 기획하였다. 우리는 이 비전트립을 통해 우리와 피부색과 문화가 다른 가운데서도 헌신하며 주님을 섬기는 모습들을 목격하며 경험하였다.

독일 다름슈타트에 있는 바실레아 슐링크의 개신교 수도원 방문과 프랑스 떼제에 있는 떼제 공동체에서의 수도원 체험은 청년들에게 색다른 경험이었다. 또한 루터가 95개조 반박문을 내걸었던 비텐베르크 성문과 위험을 피하여 숨어 있으면서 신약성경을 번역하고 〈내 주는 강한 성이요〉의 찬양시를 지었던 바르트부르크 성을 방문한 것도 우리의 피를 끓게 하는 도전의 시간이었다. 그뿐만 아니라, 유럽의 문화를 체험하는 기회를 갖는 것도 청년들이 문화적으로도 자극을 받는 좋은 시간이었다. 그리스도께 헌신했던 개신교 음악가 바흐의 생가를 돌아보며 그의 음악을 통한 그리스도에 대한 열정을 배우며, 오페라의 본고장인 유럽에서 오페라를 관람하며 체험의 영역을 넓혔던 것은 소중한 시간이었다. 돌이켜 보건대 비전트립은 말 그대로 순수하게 자신의 정체성과 비전을 찾도록 자극과 도움을 주는 여행이었다.

• 비전트립 일정

제1일	인천공항 출발
제2일	프랑크푸르트 도착 → 다름슈타트(Darmstadt, 바실레아 슐링크의 개신교 수도원) → 비스바덴(Wiesbaden, 오페라)
제3일	트리에(Trier, 예수님 성의가 보관된 교회 등) → 비스바덴 한인교회 방문
제4일	아이제나흐(Eisenach, 바하 생가, 루터의 집, 바르트부르크 성 방문) → 비텐베르크 (Wittenberg, 루터의 종교개혁지)
제5일	라이프치히(Leipzig, 바하가 일한 토마스 교회, 니콜라이 교회) → 베를린(음악회)
	베를린(시내 관광) → 파리(도착)
제6일	파리(예배, 시내 관광)
제7일	떼제(Taize, 공동체생활)
제8일	떼제(공동체생활)
제9일	바젤(Basel, 시내관광, 알프스, 크리쇼나 개신교 공동체생활)
제10일	바젤(크리쇼나 개신교 공동체생활)
제11일	프랑크푸르트 쇼핑 및 귀국
제12일	인천공항 도착

4. 양육(Education): 양육에 대한 고정관념을 버리라

바이블 백신10

건강한 교리와 함께 기독교 교리를 왜곡하는 이단들의 잘못된 가르침을 살피며 이에 대한 분별력을 함께 길러 준다. 이단들의 포섭대상 제1순위가 청년이다. 24만의 신도를 자랑하는 신천지 이단의 경우 구성원의 50퍼센트가 청년이다. 이제는 청년사역에서 이단에 대한 구체적인 교육은 선택 아닌 필수사항이다. 한두 시간의 특강으로 해결될 문제가 아니다. 지속적인 양육으로 교리 전반에 대한 건강한 항체를 형성시켜 주어야 한다. 바이블 백신 교육의 경우, 2학기에 걸쳐 진행되며, 1학기에는 계시론, 삼위일체 하나님, 인간론에 대해서, 2학기에는 예수 그리스도, 구원론, 교회론, 종말론에 대해 다룬다. 자세한 사항은 바이블 백신 홈페이지(bv.or.kr)를 참조하라.

40일 말씀학교

청년사역이 활발하려면 청년들이 교회를 하늘 아버지의 집으로 여기고 자주 드나들며 기도하게 해야 한다. 40일 말씀학교는 이를 위한 좋은 동기와 훈련을 제공한다. 이는 40일의 기간 동안 구원 이후 우리의 신앙생활을 다룬다. 하나님의 자녀로 어떻게 죄와 싸워 이겨야 하는지, 성령충만은 무엇인지, 어떻게 은사를 체험하고 활용할 수 있는지, 세상 속에서 빛과 소금으로 살아가는 것은 무엇인지, 하나님 나라는 무엇이며 어떻게 맛보고 확장해야 하는지, 더 나아가 죽음을 어떻게 대하고 죽음 너머의 세상을 어떻게 준비해야 하는지 등을 배운다. 매주 월, 화, 목, 금 4일간을 1시간씩 말씀 듣고, 1시간씩 기도하고 돌아가도록 한다. 이 기간 중에 하나님을 인격적으로 만나고,

성령의 은사를 체험하며, 세계관이 바뀌고 하나님 나라를 위해 헌신하는 역사들이 많이 일어난다. 무엇보다 기도의 용사들이 세워진다.

위탁교육을 통한 성장

단적인 표현으로 청년공동체는 교역자의 성장 역량 이상으로 자라지 못한다. 이것을 극복하도록 돕는 방법이 있다. 그것은 위탁교육을 통한 성장이다. 교역자가 미처 다루지 못한 주제들을 전문가에게 부탁할 수 있다. 한 달에 한 번 정도 외부에서 강사들을 초청하여 일련의 강의를 듣기도 했다. 성장하는 청년공동체 사역의 특징과 소그룹 리더십, 기독청년의 결혼과 데이트, 기독청년의 직업과 소명의식, 이단 특강 등 교역자가 미처 구체적으로 다루지 못했던 분야에 전문가들을 초청하여 강의를 듣고 동기부여 받는 시간을 마련했다.

5.

기도(Prayer): 냉정한 현실, 불붙는 기도

한국 교회가 세계 교회에 자랑할 수 있는 신앙 유산 중 하나가 기도이다. 기도 중에서도 한국 성도들이 모이면 주로 하는 것이 통성기도이다. 한이 많아서 그런지, 고난이 많아서 그런지 한국 교회 성도들은 참 열심히 기도한다. 그리고 일단 기도하면 참 애절하게 기도한다. 애절하다 못해 울부짖어 기도한다. 그 어느 나라 성도들도 한국 성도들처럼 부르짖으며 기도하지 않는 것 같다.

일전에 미국 순복음교회 성도들이 함께 모여 기도하는 모임에 참여한 적이 있었다. 그곳에 모인 성도들은 두 손을 들고 간절히 기도했지만, 한국의 성도들이 기도하는 것처럼 부르짖어 기도하지는 않는다는 인상을 받았다. 그저 점잖게 소리를 좀 내어 기도할 뿐이었다. 가끔씩 '오 주여'(Oh, Lord)를 외칠 뿐이었다. 하와이 코나에 소재한 열방대학의 수업에 참관할 때도 비슷한 경험을 했다. 당시 한인 학생들은 없었고, 대부분이 유럽과 미국에서 온 백인 학생들이었다. 수업이 끝날 무렵 학생들이 함께 모여 기도하는 시간을 갖고 있었다. 한국 예수전도단처럼 뜨거운 분위기를 기대했었다가 그들의 기도하는 모습을 보고 의외라는 생각을 했다. 진지함도, 간절한 부르짖음도 그다지 보이지 않았기 때문이다. 이러한 모습은 미국 IVF에서 주관하는 '어바나 96'(Urbana 96) 대회에 참가했을 때도 마찬가지였다. 어바나 대회는 미주 전역에서 수만 명의 학생들이 참여하는, 미국에서 열리는 가장 큰 학생선교대회 중 하나이다. 프로그램 전체가 행정적으로 철저하게 준비되었고 학생들의 분위기는 사뭇 진지하였지만, 한국에서 느꼈던 그러한 뜨거운 영적 열기는 그다지 느끼지 못했던 것 같다. 이는 새들백 교회에서도 윌로우크릭 교회에서도 마찬가지였다. 물론 이들 내면의 진지함은 평가할 수 없다. 그러나 한국 성도들처럼 간절히 부르짖어 기도하는 열정은 좀처럼 보기 어렵다. 한국 사람처럼 뜨겁게 기도하는 민족은 없는 것 같다. 이것은 청년의 경우도 예외는 아니다. 한국의 젊은 청년들도 간절히 기도할 때면, 뜨겁게 부르짖어 기도한다.

간혹 부르짖는 기도에 대하여 몇 가지 부정적인 견해를 듣기도 한다. 먼저는 외적으로 드러나는 기도 소리에 관한 것이다. 하나님이 귀 먹은 것도 아닌데 왜 그렇게 소리를 지르느냐는 것이다. 날마다 부르짖느라고 소리 지르기만 하면 과연 언제 하나님의 소리를 듣겠는가? 조용히도 충분히 간절할 수 있다. 엘리 제사장 시대의 '한나'를 보라. 조용히 하나님 앞에 입술만 움직여 속으로 기도하지 않는가? (삼상 1:13) 그러니 조용한 가운데 들려오는 하나님의 목소리를 들으며 순종하는 성숙한 신앙 태도가 필요하지 않겠냐는 것이다. 그래서 어떤 교회에서는 소리 내어 크게 부르짖어 기도하는 것을 아예 금지시키고 있다. 기도 시간은 항상 침묵기도 시간이다. 이런 가운데 영성운동의 물결로 가톨릭에서만 시행해 오던 관상기도에 비상한 관심이 쏠리기도 한다.

둘째는 기도의 내용 면에서 부정적인 견해이다. 날마다 그렇게 부르짖기만 해서는 안 된다는 것이다. 기도 가운데 사귐의 기도도 있어야 하고, 감사의 기도도 있어야 하는데 청년들은 너무 요란하게 부르짖으려고만 한다. 왜 그렇게 부르짖는가? 그것은 하나님의 뜻을 순종하기보다는 하나님께 나의 뜻을 관철시키려는 데 있다는 것이다. 그러니 악을 써 가며 소리쳐 기도한다는 것이다.

기도는 청년사역에서 빼놓을 수 없는 필수 요소이다. 기도가 청년사역을 능력 있게 한다. 기도는 청년사역 앞을 가로막고 있는 장애물을 뚫고 평지를 만들어 낸다. 한국 교회의 많은 청년들은 어떻게 기도할까? 청년들이 모인 집회나 예배에는 뜨거운 통성기도가 주를 이룬다. 어느 교회나 소속 청년부에 가 보면 그 가운데 뜨겁게 기도하는 무리가 있다. 우리 청년들의 경우도 그렇다. 예배 가운데 하나님을 만나는 감격이 더해 갈수록 청년들은 더 뜨겁게 기도한다. 간절히 부르짖어 기도한다. 때로는 기도할 때 부르짖는 소리가 너무 커서 거슬리게 들릴 때도 있을 정도다. 침을 너무 튀면서 기도해서 민망할 때도 있다. 무슨 내용을 기도하는지는 잘 모르겠으나, 하나님을 향하여 끊임없이 부르짖고 애타게 갈망하며 기도한다.

청년들이 부르짖어 기도하는 것은 좋지만 무엇을 위하여 왜 부르짖어 기도해야 하는지에 대한 인식은 많이 부족한 것 같다. 단순히 억눌린 마음을 풀기 위해 기도하는 것은 아니다. 청년들에게 기도에 관해 어떻게 이야기할 것인가? 청년들과 함께 기도하며 기도의 방향을 제시해야 할 필요성을 느꼈다. 어떤 기도를 추구해야 할 것인지는 중요한 문제이다.

부르짖는 기도 — 냉정한 현실, 더딘 응답

많은 청년들이 간절히 부르짖으며 하나님의 역사하심을 기도하지만 안타까운 것은 현실 가운데 응답이 지체되는 경우가 많다는 것이다. 수년간 기도해 왔는데 아직 응답이 없다. 앞으로도 하나님께서 응답하실 것 같지 않다. 냉정한 현실은 여전히 그대로 있는데 응답이 더디다. 간절히 기도했건만, 기도가 아무 효과가 없는 것 같다. 기도는 불가능을 가능케 만든다고 하던데, 왜 나의 현실은 여전히 암담한가? 믿음이 없는 것인가? 혼란스러울 때가 있다. 이럴 때 우리는 기도에 대해 어떤 자세를 가져야 할까?

우리가 추구하는 기도, 시편 88편

이러한 문제로 청년들과 고민하다가 발견한 것이 시편 88편이다. 이 시편은 청년들이 기도 가운데 부딪히는 현실을 꾸밈없이 있는 그대로 드러내고 있다. 청년공동체가 추구하는 기도의 태도와 방향은 시편 88편에 근거한다.

여호와 내 구원의 하나님이여 내가 주야로 주 앞에서 부르짖었사

오니

나의 기도가 주 앞에 이르게 하시며 나의 부르짖음에 주의 귀를 기
울여 주소서

무릇 나의 영혼에는 재난이 가득하며 나의 생명은 스올에 가까웠
사오니

나는 무덤에 내려가는 자 같이 인정되고 힘없는 용사와 같으며

죽은 자 중에 던져진 바 되었으며 죽임을 당하여 무덤에 누운 자 같
으니이다 주께서 그들을 다시 기억하지 아니하시니 그들은 주의
손에서 끊어진 자니이다

주께서 나를 깊은 웅덩이와 어둡고 음침한 곳에 두셨사오며

주의 노가 나를 심히 누르시고 주의 모든 파도가 나를 괴롭게 하셨
나이다(셀라)

주께서 내가 아는 자를 내게서 멀리 떠나게 하시고 나를 그들에게 가
증한 것이 되게 하셨사오니 나는 갇혀서 나갈 수 없게 되었나이다

곤란으로 말미암아 내 눈이 쇠하였나이다 여호와여 내가 매일 주를
부르며 주를 향하여 나의 두 손을 들었나이다

주께서 죽은 자에게 기이한 일을 보이시겠나이까 유령들이 일어나
주를 찬송하리이까(셀라)

주의 인자하심을 무덤에서, 주의 성실하심을 멸망 중에서 선포할
수 있으리이까

흑암 중에서 주의 기적과 잊음의 땅에서 주의 공의를 알 수 있으
리이까

여호와여 오직 내가 주께 부르짖었사오니 아침에 나의 기도가 주의

앞에 이르리이다

여호와여 어찌하여 나의 영혼을 버리시며 어찌하여 주의 얼굴을 내
게서 숨기시나이까

내가 어릴 적부터 고난을 당하여 죽게 되었사오며 주께서 두렵게 하
실 때에 당황하였나이다

주의 진노가 내게 넘치고 주의 두려움이 나를 끊었나이다

이런 일이 물 같이 종일 나를 에우며 함께 나를 둘러쌌나이다

주는 내게서 사랑하는 자와 친구를 멀리 떠나게 하시며 내가 아는
자를 흑암에 두셨나이다

이 시편을 자세히 살펴보면 하나님으로부터 응답이 끝내 없다는
것을 알 수 있다. 시편의 기도자는 자신을 위협하는 상황에 대해 간
절히 하나님의 구원을 기도한다. 그러나 아직 하나님께 응답받지 못
한 상태이다. 기도하지만 현실은 여전히 기도자를 괴롭게 하고, 영혼
을 내리 누르고 있다(7절). 사랑하는 사람들도 떠나간다(18절). 하나님
께서 기도자를 버리신 모양이다(14절). 너무너무 힘들어 '무덤에 누운
자'와 같이 되었다(5절).

그런데 놀랍게도 기도자는 기도를 포기하지 않는다. 포기할 만도
한데 여전히 포기하지 않는다. 체념할 만도 한데 여전히 확신을 갖고
기도한다. '여호와여 오직 내가 주께 부르짖었사오니 아침에 나의 기
도가 주의 앞에 이르리이다'(13절). 지금 이 기도가 응답되는 것이 아
니다. 이 기도는 이 밤을 지새우며 기도할 때 하나님께서 내일 아침이
면 간절한 기도를 들으시리라는 내적 확신 가운데 드리는 기도이다.

시편 88편이 말하는 기도의 특징은 무엇인가?

기도는 현실 가운데 하나님이 개입하시지 않는 안타까움을 지속적으로 탄원하는 것이다. 하나님이 이곳에 역사하셔야 한다고 부르짖는 것이다. 이 기도를 통해 하나님을 움직이시게 하려는 것이다. 하나님께서 현실 가운데 개입하시도록 동기부여 하는 것이다.[1] 만일 하나님이 당신을 계시하시지 않으면 우리가 어떻게 하나님을 만날 수 있는가? 그러므로 하나님께서 움직이셔야 한다. 하나님께서 개입하셔야 한다. 하나님께서 응답하셔야 한다. 기도는 나의 간절한 부르짖음이 반드시 하나님을 움직이리라는 확신 가운데 나아가는 것이다. 기도는 냉정한 현실 가운데 하나님을 향한 간절함을 불붙여 나가는 것이다. 비록 지금은 응답이 없고, 그래서 밤새도록 기도하며 울부짖지만, 이 밤이 지나고 내일 아침이 올 때면 하나님께서 이 기도를 반드시 들으시고 응답하시리라는 확신(13절) 가운데 기도하는 것이다. 지금 내 상황이 변하지 않고 움직이지 않아도 하나님께서 개입하시길 기도하는 것이다.

여기서 기도는 근본적으로 부르짖음을 포함하고 있다. 이 부르짖음이라는 것은 큰 소리로 유창하게 기도하는 것이 아니다. 청산유수와 같은 말을 기관총같이 내쏘는 것도 아니다. 여기서 하나님을 향한 부르짖음은 하나님을 향한 우리의 강렬한 동기와 감정과 이미지와 언어가 가득 차 있는 것을 의미한다. 부르짖음은 내 존재 전체를 하나님 앞에 쏟아놓는 것이다. 말을 조리 있게 잘 해야 하나님께서 들으시는 것은 아니다. 그렇다고 기도 소리가 커야만 들으시는 것도 아니다. 중요한 것은 내 존재를 전심으로 열고 하나님을 향해 기도하느냐는 것이다. 내 존재를 전심으로 쏟아 기도할 때 때로는 소리 없이 간절히 기도할 수도 있다. 이런 시구(詩句)도 있지 않은가? '이것은 소리 없는 아우성.' 소리 없이 소리 지를 수 있는 침묵의 부르짖음이 있다. 극단은 극단으로 통한다. 조용한 침묵과 소리 높이는 간절한 부르짖음은 모두 하나님을 향한 기도자의 자기 전 존재의 개방(쏟아부음)을 가능하게 한다.

일반적으로 하나님을 향해 이 정도의 간절한 마음을 갖고 있는 청년이라면 소리를 높여 부르짖어 기도하기 마련이다. 소리를 높여 부르짖을 때 갖는 장점이 있다. 그것은 나의 부르짖음이 언어와 이미지와 감정이 뒤섞여 내 입 밖으로 나갈 때 나의 마음과 감정도 함께 나간다는 것이다. 그럴 때 기도에 내 존재를 실어 보낼 수 있다. 말 한마디가 별것 아닌 것 같지만, 일단 내 입 밖으로 표현되어 나가면 엄청난 위력을 발휘한다. 일상생활 가운데도 별것 아닌 것 같은 말 한마디로 격한 분노를 일으키기도 하고, 기쁨을 불러오기도 하지 않는가? 소리를 내어 부르짖는 것은 하나님 앞에 간절히 나아가는 데 종종 큰 도움이 된다.

공동체가 함께 통성기도하는 것도 이러한 기도의 맥락에서 이해할 수 있다. 함께 통성으로 중보기도할 때 공동체의 마음을 함께 모아 하나님께 드릴 수 있다. 이는 공동체 사역에 큰 힘이 된다. 중보기도는 하나님이 공동체 가운데 더욱 깊이 개입하고 역사하시도록 공동체가 계속하여 하나님께 동기부여 하는 것이다. 지속적인 확신 가운데 거하며, 당장 응답이 없다고 쉬이 낙담하지 말아야 한다.

어떤 이는 이렇게 염려할 수 있다. '그렇게 소리소리 지르며 하나님을 강요하다 보면 내 소리에 매몰되어 하나님의 음성을 못 듣고 놓칠 수 있지 않은가?' 그러나 그것은 매우 주관적인 판단이다. 하나님의 음성을 너무 물리적인 현상으로만 판단하는 것이다. 간절한 부르짖음 가운데 들리는 하나님의 음성(응답)은 기도자의 부르짖음 한가운데를 뚫고 직관적으로 들려온다. 전심을 다해 하나님을 향하여 부르짖으면 그 부르짖음 한가운데로 하나님이 응답하신다.

부르짖음 한가운데로 응답하심을 경험하면, 이제 이 부르짖음은 감사와 찬양으로 바뀐다. 경배의 행위가 된다. 그리고 더욱 깊은 하나님과의 인격적 교제로 나아간다. 기도 가운데 하나님의 임재가 있고, 기도자가 하나님 체험으로 나아가면 그 가운데 사귐과 대화와 감사와 경배, 그리고 심령에 대한 애통함이 있게 된다. 이때 인간의 기도는 포사이스의 표현대로 '하나님의 기도에 대한 응답'이 된다.[2] 사람의 기도가 하나님께 상달되어 하나님을 움직인다면, 그것은 먼저 하나님께서 기도하는 사람에게 손을 뻗치시어 마음을 움직이신 까닭이다. 하나님께서 우리를 먼저 권면하셨기에 우리가 기도할 수 있는 것이다(고전 5:20).

침묵기도

부르짖음을 인정한다고 청년공동체가 침묵과 관상기도를 애써 무시하거나 외면하는 것은 아니다. 청년공동체는 기도의 다양한 형태를 존중하고 또 경험하게 한다. 예비리더학교에서는 기도에 관한 커리큘럼을 진행할 때, 관상기도를 경험하게 한다. 또 연초 임원 및 팀장 수련회를 가면 2-3일간 조용한 곳으로 가서 깊이 있는 관상기도를 하고 온다. 앞에서 이끄는 리더일수록 다양한 영성의 형태를 경험할 필요가 있기 때문이다. 이들은 사역을 감당하면서 부딪치는 다양한 환경에서 필요에 따라 기도할 수 있어야 한다. 어느 해 여름에는 공동체 전체가 8월 말에 1박 2일로 수양관에 가서 떼제 형식으로 기도회를 진행하기도 하였다. 떼제에서 부르는 찬양곡들과 말씀, 침묵기도를 중심으로 했던 침묵기도회는 은혜의 시간이었다.

• 침묵기도

청년회 여름수련회: 말씀으로 이어가는 침묵기도

• 묵상
지금까지 함께 하신(D) – '작은 소리' 중창단이 나와 찬양한다.
주님을 찬양하라(D-E) – 감사드려(E)

• 성경봉독자(1) 멘트: 하나님의 말씀을 경청하십시오.
시편 103편 봉독 후 1분 묵상: 하나님의 사랑
찬양: 왕이신 나의 하나님(F) – 우우우 주를 찬양하나이다(F)

• 공동 기도문
여호와 하나님! 우리의 모든 것을 다하여 당신을 찬양합니다. 우리의 모든 죄악을 사하시며, 우리의 모든 병을 고치시며, 우리의 생명을 파멸에서 건지시고, 인자와 긍휼로 관을 씌우시며, 좋은 것으로 우리의 소원을 만족하게 하시니 감사합니다. 우리가 이 시간 무릎을 꿇고 주님의 보좌를 향하여 더욱 깊이 나아가기 원합니다. 성령이여 오셔서 우리 가운데 좌정하사, 이 시간이 전적으로 주님께 거룩하게 드리는 향기가 되게 하옵소서. 예수님의 이름으로 기도합니다.

• 성경봉독자(2) 멘트: 하나님의 말씀을 경청하십시오.
빌립보서 2장 5-11절 봉독 후 1분 묵상:예수 그리스도
찬양: 보좌에 계신 이와(C) – 나의 만족과 유익을 위해(C) – 하나님 어린양(F)

• 성경봉독자(3) 멘트: 하나님의 말씀을 경청하십시오.
마태복음 11장 28-30절 봉독 후 1분 묵상:복음서의 예수 말씀
찬양: 주 곁에 거하리(A) – 우리 죄 위해 죽으신 주(A)

- **성경봉독자(4) 멘트: 하나님의 말씀을 경청하십시오.**
  로마서 8장 22-28절 봉독 후 1분 묵상: 기도와 탄식
  찬양: Oh, Lord Hear My Prayer(나의 기도를 들어 주소서)(G) –
  사랑합니다, 나의 기도 들으사(G)

- **교역자: 이 시간 우리의 탄식과 기도를 주님께 드리겠습니다. 다 같이 기도합시다.**

- **성경봉독자(5) 멘트: 하나님의 말씀을 경청하십시오.**
  요한복음 14장 12-18절 봉독 후 1분 묵상: 성령의 임재
  찬양: 주님의 성령 지금 이곳에

- **교역자:성령께서 우리의 문제를 치료하시고, 해결해 주시도록 기도합시다.**

- **성경봉독자(6) 멘트: 하나님의 말씀을 경청하십시오.**
  요한일서 4장 7-12절 봉독 후 1분 묵상: 나눔
  찬양: 사랑의 나눔 있는 곳에(형제, 자매 일어나 형제는 형제, 자매는 자매 서로 포옹하며)
  주님의 은혜가 형제와 함께 주님의 은혜가 자매와 함께

- **성경봉독자(7) 멘트: 하나님의 말씀을 경청하십시오.**
  요한계시록 21장 1-7절 봉독 후 1분 묵상: 주님께 맡김
  찬양: 주를 높일지라(E) – 주님만(F) – 글로리아(G) – 거룩한 나의 주님(A) –
  내 마음에 주를 향한 사랑이

금요성령집회

내가 부임하기 전부터 청년공동체에는 금요일 밤이면 함께 모여 부흥을 위해 눈물로 기도하는 소수의 무리가 있었다. 이들은 기도의 능력을 아는 사람들이었고, 밤새 무릎 꿇어 기도할 수 있는 믿음의 사람들이었다. 부임할 때 이 기도회는 금요일 밤 10시부터 청년들이 자체적으로 진행하였다. 처음에는 자발적으로 모여 기도하는 것이 좋다고 생각하여 약 8개월 동안 기도회에 참여하지 않고 그대로 지켜보았다.

그런데 8월의 어느 무더운 여름 날, 한 형제로부터 전화를 받았다. 그 형제는 제안을 하나 하였다. 그 내용은 다음과 같다. 청년예배

에 하나님께서 계속 은혜를 부어 주셔서 이제는 예배를 사모하는 지체들이 꽤 많아졌다. 그런데 주일 예배를 드리고 싶어도 그날 근무와 겹쳐 참여하지 못하는 지체들도 있다. 그러니 주일 예배를 드릴 수 없는 이들이 금요일 저녁이라도 와서 하나님을 찾고 마음껏 부르짖어 기도할 수 있는 기회를 공식적으로 마련하면 어떻겠느냐는 것이다. 부득이하게 예배를 참여하지 못하는 지체들을 위한 배려였다. 예배의 연장선으로서의 기도 모임을 제안한 것이다.

그 제안을 긍정적으로 검토하였다. 그래서 금요성령집회라는 이름으로 매주 금요일 밤 10시부터 12시까지 기도 집회를 가져 왔다. 공식적으로 기도할 수 있는 자리가 마련되자 주일을 제대로 지킬 수 없지만 하나님 앞에 신실하게 서고자 몸부림치는 지체들이 찾아왔다. 또한 기도에 갈급했던 지체들이 더욱 기도하기에 힘쓰려고 함께 동참했다. 주일 예배로 심령을 회복한 지체들도 더욱 기도에 힘쓰려고 찾아왔다. 성령집회는 청년들이 기도하고 싶을 때 찾아올 수 있는 장을 마련해 주었다. 금요성령집회는 약 두 시간 정도 진행하였다.

청년예배 때는 찬송가보다는 CCM을 많이 부르기 때문에 금요성령집회에서는 찬송가를 많이 부른다. 찬송가에는 영감 넘치는 곡이 참 많다. 풍성한 은혜가 담겨 있다. 나는 청년들이 CCM뿐만 아니라 찬송가도 기억하여 계속해서 부르기를 바란다. 설교는 짧게 10-20분 가량 하고 주로 기도에 집중한다. 설교 후부터 시작되는 개인기도 시간은 집중적으로 기도하는 시간이 약 한 시간 정도 된다.

금요성령집회의 열매

성령집회를 통해서 공동체로 함께 모여 기도할 때 드러나는 열매들이 있었다.

첫째, 공동체의 체질이 변화되었다. 성령집회는 기도하는 공동체로 변화하도록 촉진시키는 촉매 역할을 하였다. 기도 가운데 하나님을 간절히 찾으며 부르짖을 때 영적 야성이 살아난다. 하나님을 향한 간절함, 열망이 더욱 커진다. 이제는 하나님 앞에 부르짖어야 한다는 의식이 많이 커졌다. 이러한 성령집회의 분위기가 있었기에, 주일 청년예배 가운데서도 때로 긴 통성기도가 가능하였다. 성령집회는 청년예배를 더욱 깊은 임재가 있는 예배로 촉진시키는 역할을 하였다. 성령집회가 뜨거우면 뜨거울수록, 청년예배도 영향을 받는다. 더욱더 생동감 있는 예배를 드릴 수 있는 것이다.

둘째, 잠재적 리더가 드러났다. 성령집회에 오는 지체들은 적어도 기도의 필요성을 알고 실천하는 사람들이다. 나의 부르짖음이 하나님을 움직인다는 기대와 믿음이 있는 사람들이다. 처음 등록한 새가족이라 하더라도, 성령집회를 참여하면서 기도하는 신앙, 살아 있는 신앙을 갖게 된다. 성령집회에 정기적으로 참여하는 지체들이 늘어날수록, 이 가운데 잠재적인 리더들이 드러남을 보게 되었다. 성령집회는 잠재적인 리더들을 알아볼 수 있는 기회가 된다.

셋째, 기도를 응답받는다. 한때 성령집회를 청년들에게 다시 맡길까 하는 생각을 했었다. 밤 12시가 넘어서까지 너무 피곤하고 지친다는 생각 때문이었다. 그러나 그때 포기하지 않고 끝까지 성령집회를 이끌고 갈 수 있도록 지탱하게 해준 것이 있다. 그것은 성령집회를 통해 하나님께서 공동체와 나 개인의 기도에 응답하셨던 순간들이었다. 그동안 성령집회를 통해 나 자신이 먼저 신실하게 응답받았다. 뿐만 아니라, 결정적인 순간에 공동체를 새롭게 이끌고 갈 방향을 제시받았다. 하나님께서는 성령집회 시간을 통해 신실하게 역사하셨다. 많은 지체들이 성령집회를 통해 간절히 기도하는 가운데 하나님의 역사하심을 경험하였다. 이러한 응답의 경험은 우리의 기도를 더욱 간절하고 뜨겁게 만든다.

성령집회가 계속 진행되면서 주변에 있는 지체들을 위해 서로 중보기도할 시간을 요청하게 되었다. 그래서 지금은 한 달에 한 번씩 또래별로 모여 서로를 위해 중보기도하는 시간을 갖는다. 때로는 팀별로 함께 모여 서로를 위해 기도하는 시간을 갖기도 한다. 서로를 위해 기도할 때의 간절한 마음이 공동체를 뜨겁게 달군다. 성령집회는 지체들 서로를 기도로 친밀히 엮어 주는 역할을 한다.

6.

안전(Safety): 언택트 시대,
안전한 공동체를 확보하라

갑자기 찾아온 언택트 시대, 안전이 최우선이다[1]

2019년 12월 중순, 중국 우한시에 원인을 알 수 없는 폐렴 증상을 보이는 환자가 있었다. 환자가 갖고 있는 병원체는 지금까지 세상에 알려지지 않은 새로운 것이었다. 그래서 우한시 보건위원회는 이를 '원인불명폐렴'이라고 발표했다. 그러나 더 깊은 병원체 연구조사가 진행된 후 이듬해인 2020년 1월 13일, 중국 국가위생건강위원회는 이 질병을 '신종 코로나바이러스 감염 폐렴'이라고 언급했고, 이후 2월 7일 '신형 코로나바이러스 폐렴'으로 명명하여 공식 발표하였다.[2] 이후 2월 12일, 세계보건기구(WHO)는 신형 코로나 폐렴의 공식 명칭을 'COVID-19'로 확정·발표하였고, 우리 정부는 이를 '코로나19'로 확정하였다. 코로나19는 주로 사람과의 접촉에서 주변 1-3미터 이내를 비말을 통해 감염시키는데, 이것이 전 세계적으로 빠르게 퍼져 나가 세계보건기구는 코로나19의 범유행(팬데믹)을 선언하였다. 코로나19가 무서운 것은 병원체가 빠르게 퍼져 나가면서 계속 변이를 일으켜 지역과 기후에 최적화된 상태로 급속도로 번진다는 것이다.[3]

코로나19를 방지하는 최선의 예방책은 다른 사람과 접촉을 하지 않는 것이다. 감염될 여지를 없애려면 접촉을 하지 않는 것 외에는 방법이 없기 때문이다. 이로 인해 전 세계적으로 도시를 봉쇄하고 통행을 제한하는 등 사회적 거리두기가 반자발적으로 시행되었다. 우리나라도 초·중·고 학생들이 학교에 가지 않고 온라인으로 수업을 이어가는 초유의 사태가 발생했고, 대학교도 수업을 대부분 온라인으로 전환하였다. 자격증 시험과 국가기관 및 기업의 채용시험도 줄줄이 연기되었다. 한 번도 겪어보지 못했던 이 초유의 팬데믹 사태에 한국 교회도 예배당 문을 닫고 예배를 중지하였다. 일제 강점기의 탄압과 6.25전쟁 중에도 문을 닫지 않았던 한국 교회가 코로나19로 문을 닫는 초유의 사태가 발생한 것이다.

전에는 뭉치면 살고 흩어지면 죽는 시대였다면, 이제는 뭉치면 죽고 흩어지면 사는 언택트(untact) 시대가 도래했다. 모이기에 힘쓰는 것이 신앙생활의 덕목이었다면, 이제는 흩어져 모이지 않기를 힘쓰는 것이 새로운 덕목이 되었다. 이제는 접촉(contact)을 하지 않는 비대면 방식이 뉴노멀이 되었다. 일찍이 이런 사회적 변화를 미리 예고한 이가 있다. 서울대 소비자학과의 김난도 교수다. 김난도 교수는 《트렌드 코리아 2018》에서 앞으로 다가올 소비 트렌드의 변화로 '언택트 기술'을 예측한 바 있다. 이때는 기술의 발달로 인한 점진적인 변화를 예고했었지만, 코로나19로 인해 언택트 시대는 어느 날 갑자기 우리 앞에 불현듯 나타나 새로운 일상으로 자리 잡은 것이다. 앞으로는 이런 대유행병으로 인한 팬데믹이 주기적으로 지구촌을 덮을 전망이다. 코로나 이후로 다시 중국에서 일어난 신종돼지독감이 한 예다. 결국 지구촌은 어쩔 수 없이 뉴노멀에 대비하고 적응해야 할 수밖에 없게 되었다.

코로나19로 인해 예배가 중단되고 온라인 예배로 전환하였을 때, 한국 교회 대부분은 주일 대예배만을 온라인으로 송출했다. 청년예배가 있던 대다수 교회는 청년예배를 드리지 않고 온라인 장년예배로 흡수하였다. 이런 가운데 청년부 모임은 사회적 거리두기로 인해 모든 모임을 자제하는 경우가 많았다. 청년사역 자체가 불가능한 상황이 된 것이다. 이런 시대에 청년사역의 새로운 키워드를 고려해야 한다. 그것은 바로 '안전'(Safety)이다. 콘택트 시대의 청년사역의 키워드가 위프(WEEP)였다면, 언택트 시대로 접어드는 시대의 청년사역 키워드는 웹스(WEEPS)가 된다.

> Worship (예배) → 감격과 치유와 회복이 있는 예배
>
> Evangelism (전도) → 삶의 현장으로 나아가는 복음 증거
>
> Education (양육) → 청년 리더로 자라가기 위한 양육
>
> Prayer (기도) → 공동체를 살리는 깊이 있는 열정적 기도
>
> Safety (안전) → 공동체의 안전을 확보하는 가운데 펼치는 청년
> 사역

'안전'이 청년사역의 주요한 가치로 자리 잡게 될 때, 청년사역의

우선순위와 사역구조의 조정이 필연적으로 따르게 된다. 그 이유는 안전의 가치를 담보하지 않고는 우리의 영적 욕구를 실현하기가 어려워지기 때문이다. 매슬로의 욕구이론에 따르면 인간의 욕구는 다음과 같은 층위를 갖고 있다.

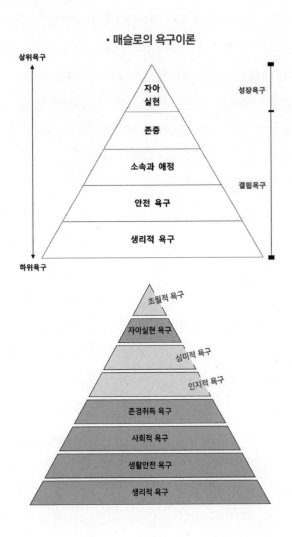

• 매슬로의 욕구이론

6. 안전(Safety): 언택트 시대, 안전한 공동체를 확보하라

위 단계의 욕구는 아래 단계의 욕구가 충족되기 전에는 추구하기가 쉽지 않다. 이러한 층위 가운데 안전에 대한 욕구는 인간의 가장 원초적 욕구인 생리적 욕구 바로 위 단계에 위치한다. 안전에 대한 욕구가 충족되지 않고는 상위에 있는 욕구로 올라가기가 쉽지 않다. 그런데 그동안 교회를 통해 청년공동체에 제공했던 것들은 바로 안전 욕구 상위에 위치한 것들이었다. 소속과 애정, 존중, 자아실현, 더 나아가 초월적 욕구가 교회가 총체적으로 제공할 수 있는 소중한 것들이었다. 매슬로의 제자들이 훗날 더 세분화하여 발전시킨 욕구 이론에 따르면 종교적 욕구는 자아실현 위의 최상위층의 초월적 욕구로 나타난다. 그러나 코로나19로 인해 안전 욕구 상위로의 욕구 추구가 확 꺾이게 되었다.

청년들에게 공동체 모임을 갖자고 하면 직장에서 교회 가지 말라고 했다면서 온라인 예배를 드리겠다고 하는 이들도 꽤 된다. 언택트 시대에 콘택트 예배를 드리러 가는 청년들을 사회에서는 몰상식한 사람으로 여기며 이상한 눈으로 바라보는 것이다. 이제는 기존에 실행했던 청년사역만으로는 사역이 어려워지고 있다. 이전에 신경 쓰지 않았던 안전을 고려하지 않고는 사역 자체가 불가능해지는 시대가 되었다. 그렇다면 새롭게 도래하는 언택트 시대에 청년사역은 어떻게 준비해야 할까? 이에 대한 대처를 위해 우리는 먼저 코로나19 이후 사라지는 사역은 무엇이며 남게 될 사역은 무엇인지를 정리해 보고, 더 나아가 새롭게 개척해야 할 사역을 생각해 보고자 한다.

언택트 시대에 축소되는 사역들

수련회와 연합집회

수련회는 청년사역의 백미였다. 매해 여름과 겨울, 공동체의 모든 청년이 함께 모여 뜨겁게 기도하며 찬양하며 공동체가 하나 되는 짜릿하고 황홀한 경험이었다. 그러나 언택트 시대에 수련회로 모이는 것이 갈수록 어려워질 것이고, 이전과 같은 형태의 수련회를 진행하기는 얼마간 불가능할 것이다. 해마다 작은 교회의 청년들이 함께 모여 가졌던 연합수련회도 이전 같은 열기로 모이는 것이 갈수록 어려워질 것이다. 이를 반영하는 것이 이전에 여름 기간에 10차 이상의 연합수련회를 인도하던 주요 단체들이 갈수록 연합수련회 차수를 줄이고 있다는 것이다. 청년과 청소년 인구가 주는 것도 큰 요인이지만, 언택트 문화가 서서히 젊은 세대에 스며들면서 함께 모여 어디를 가는 것을 부담스러워하는 청년들이 점점 많아지는 것도 큰 요인이다. 지금까지는 대그룹 집회가 청년사역의 성장에 커다란 역할을 감당해 왔다. 하지만 이제 청년사역은 이전처럼 대그룹으로 모이는 것이 갈수록 쉽지 않아 보인다. 이제는 대그룹 집회의 공백을 채울 수 있는 대체 사역들을 고민해야 한다. 정기적인 청년예배가 부담스러운 언택트 세대의 청년들이 직접적인 컨택트가 아니라도, 온라인을 통한 예배와 소통으로 연결되도록 도와야 한다. 또한 이런저런 형태의 소그룹, 일대일 코칭 사역 등 다양한 종류의 사역들을 통해 대그룹 집회가 주었던 유익을 대체할 수 있는 요소들을 고민해야 한다.

외부 초청 행사 및 대형집회

해마다 봄, 가을이면 중·대형 교회에서는 잘 알려진 사역자나 찬양사역팀을 초청해 대형집회를 개최하며 청년들의 신앙생활에 도전을 주었다. 그러나 이제 이러한 초청 행사와 대형집회는 갈수록 어려워질 것이다. 이와 더불어 새가족을 초청해서 예배당을 가득 채웠던 전도 집회, 총동원 주일 프로그램도 갈수록 어려워질 것이다.

선교 및 아웃리치

청년선교는 열방을 향한 하나님의 마음을 배울 뿐 아니라 땅 끝까지 이르러 예수 그리스도의 증인이 되라는 지상명령을 수행할 수 있는 매우 소중한 기회였다. 그러나 더 이상 선교는 수행하기 어려운 매우 힘든 과제가 되었다. 빈번한 팬데믹으로 코로나19 사태와 같이 전 세계로 나가는 항공루트가 막힐 가능성이 크다. 나라마다 코로나19를 비롯한 여러 팬데믹으로부터 안전을 지키기 위해 외국인의 입국을 거절한 곳도 많을 것이다. 혹 선교지에 갔다가 전염병에 감염되거나 전염시키기라도 하면 이것은 커다란 사회적 비난을 받는 일이다. 그동안 해왔던 해외 단기선교는 당분간 수행하기 매우 조심스러운 영역이 될 것이다. 앞으로 선교사역은 청년들이 직접 가는 사역보다, 현지의 사역자들을 온라인을 통해 양육하고 세우는 일에 더욱 집중해야 할 것이다.

농어촌 및 낙도 아웃리치 또한 마찬가지다. 어르신을 섬기고 복음을 전하는 일도, 자칫 기저질환이 있는 어르신들에게 전염병을 전염시킬 위험으로 인해 더 이상 가능하지 않게 되었다.

대면전도

코로나 이후 대면전도는 거의 불가능하게 되었다. 대학가 근처에 있는 교회들은 해마다 학기 초가 되면 캠퍼스에 나가 전도를 하고 교회를 알리곤 했다. 캠퍼스 선교단체들에겐 한 해 사역 중 3월 초의 캠퍼스 전도가 신입회원들을 모집할 수 있는 가장 중요한 사역이었다. 그러나 대부분의 대학이 온라인 비대면 수업을 진행하게 되고, 캠퍼스에 학생들이 나타나지 않는 시대가 찾아오자, 선교단체와 대학가 주변의 교회들은 이로 인한 직격탄을 맞게 되었다.

문제는 이렇게 촉발된 비대면 수업이 갈수록 활성화될 가능성이 크다는 점이다. 오프라인 수업을 매일 하기보다 느슨한 접촉이 일상화될 가능성이 크다. 이렇게 되면 청년을 자주 직접 만나 전도하고 사역하기가 어려워진다.

카페사역

카페를 선교 공간으로 사용하는 청년공동체의 경우, 이전에는 활발한 초대의 장소였던 카페가 이제는 만남과 교제의 공간이 되기 어려워져 가고 있음을 직시해야 한다. 젊은이들이 몰리는 카페는 점점 도서관처럼 변해 가고 있다. 코로나19로 온라인 화상강의가 많아지자 대학생들이 주변의 카페로 가서 조용히 테이블 하나씩을 차지하고 그곳을 강의실이자 독서실로 사용하는 경우가 늘고 있다. 이제 카페는 이전과 같은 교제와 나눔의 기능을 하기가 어려워지고 있다. 카페사역의 경우, 이제 청년들의 학업과 자기개발에 새로운 공간 제공과 유익을 주는 형태의 문화사역으로 바뀌어야 한다.

언택트 시대에 남게 되는 사역들

그럼에도 불구하고 청년공동체라는 특성상 남게 될 주요한 사역들이 있다. 하지만 많은 경우 사역 동력이 예전 같지 않고 떨어질 것이다. 이제 청년사역의 고민은 여전히 남게 될 핵심적인 청년사역의 동력을 어떻게 가능한 한 약화시키지 않고 소중하게 지켜 나갈 수 있을지에 집중될 것이다.

예배

언택트 시대에도 교회의 본질적인 사역인 예배는 남게 될 것이다. 그러나 코로나19를 경험한 이후, 교회는 지속적으로 예배당에서 거리두기와 발열체크를 하고 마스크 착용을 의무화할 가능성이 커지고 있다. 거리두기를 할 경우, 수용 인원이 이전의 4분의 1 혹은 5분의 1밖에 되지 않기 때문에 공간 문제가 대두된다. 이런 상태로는 코로나 이전과 같은 예배당이 가득찬 모습의 예배로 회복되기에는 상당한 시간이 걸릴 것이다. 또 자신의 의도와 상관없이 코로나 감염자가 다녀갔던 곳을 방문했다는 사실을 나중에 알게 되거나, 감염증상이 있는 것 같으면 자발적으로 현장예배를 자제하고, 집 안에서 자가격리를 해야 한다. 이럴 때는 어쩔 수 없이 온라인으로 예배를 드려야 한다. 문제는 이러한 일들이 청년들에게 수시로 일어날 수 있다는 것이다. 따라서 포스트코로나 시대의 예배는 오프라인 현장예배와 온라인 예배를 함께 운영하는 것이 좋다.

온라인 예배는 코로나19가 진행되는 동안의 임시방편일까, 아니면 이후에도 지속적으로 추구해야 할 사역일까? 이번 코로나 사태로 인해 온라인 예배의 긍정적인 측면을 확인하게 되었는데, 그것은 여러 상황으로 당장에 예배를 드릴 수 없는 이들에게 정말 유용한 통로가 되었다는 점이다.

코로나19 사태가 시작될 시기에 다른 지역으로 이사를 간 청년들과 성도들이 있었다. 이들은 코로나19로 인해 당장에 나갈 교회를 찾지 못해 당황해했다. 이때 우리 교회에서 송출했던 온라인 예배가 큰 도움이 되었다고 한다. 이들은 실시간 채팅방에 안부를 나누고 서로를 격려하며 감사를 표현했다. 또 온라인 예배는 육체적 질병으로 병원에 입원해 있는 지체들에게도 매우 유용한 예배의 장을 마련해 주었다. 주일에 출근을 해야 하는 이들에게도 큰 도움이 되었다. 장년 부서의 경우, 교회에 나가기를 미루며 기피하던 남편이 어쩔 수 없이 온라인 예배를 함께 드리며 신선한 도전을 받는 경우도 있었다. 이처럼 온라인 예배는 예배의 사각지대에 있는 이들을 도울 수 있는 유용한 통로가 된다. 이런 면에서 온라인 예배를 오프라인과 더불어 지속하는 것도 좋은 방법이라 본다. 정리하면, 언택트 시대에는 오프라인과 온라인을 모두 겸하는 '올라인'(all-line) 사역이 필수적일 것이다. 하지만 예배를 온라인으로만 머물게 해서는 안 된다. 어떻게든 오프라인으로 연결시켜야 한다. 그래야 교회를 그리스도의 몸된 공동체로 경험할 수 있기 때문이다.

코로나19 이후 청년들은 작은 위험에도 현장 예배 대신 온라인 예배에 참여하게 될 가능성이 높다. 이에 더하여 밤늦게까지 무언가를 하다가 늦게 일어난 청년들은 다급하게 교회에 나올 준비를 하기보다 차라리 온라인 예배를 드리려 할 것이다. 하지만 온라인 예배로는 이전에 느끼던 현장의 감동을 경험하기가 쉽지 않다. 따라서 온라인 예배로 신앙을 지탱하던 청년들 중 시간이 갈수록 청년예배의 은혜를 사모하는 이들이 점점 많아질 것이다. 결국 청년사역의 관건은 얼마나 현장 예배의 동력과 은혜가 풍성하게 살아나느냐에 달려 있다. 코로나 시대에도 현장 예배가 이전에 경험하던 현장 예배 못지않게 은혜롭고 감동적이면, 온라인에만 머물며 움츠러들었던 청년들이 오프라인 예배로 서서히 나올 것이다.

찬양팀을 강화하라

언택트 시대에 찬양사역은 여전히 유효하고 효과적인 사역이다. 최근 목회데이터연구소의 발표에 따르면, 유튜브 온라인 콘텐츠 가운데 한국 교회 누적 1-2위가 찬양이었다.[4] 설교는 3위였다. 내가 섬기는 대전도안교회의 경우도 수요찬양기도회나 젊은이 예배 영상 중 찬양팀의 찬양과 기도회를 즐겨 듣는 분들이 꽤 있다. 찬양을 오프라인에서 듣는 것과 온라인을 통해 듣는 것은 차이가 크다. 이제 교회는 온라인에 은혜로운 찬양이 생중계되도록 음향과 마이크와 영상을 위한 여러 장비를 세심하게 점검하고 업그레이드해야 한다. 작은 예배실이라도 실황을 효과적으로 전달하려면 캡처보드를 설치해야 한다. 온라인을 통해 세련되고 은혜로운 찬양이 흘러나오도록 하라. 그리고 뜨거운 기도가 흘러나오도록 하라. 온라인을 통해 전달된 은혜는 언젠가 오프라인으로 인도하는 발걸음이 될 것이다.

양육

온라인 양육도 활성화하라

청년 사역에서 잠재적인 리더를 배출하는 LTS나 리더와 기타 양육의 필요는 계속될 것이다. 하지만 이전처럼 오프라인에서 모이기가 쉽지 않기에 온라인 사역으로 대체될 가능성이 크다. 현장감과 감동은 오프라인과 같지 않지만, 어디에 있든지 곧바로 접속만 하면 양육에 참여할 수 있는 장점이 있다. 관건은 온라인 양육의 집중도를 얼마나 잘 유지할 수 있느냐이다. 이를 위해서 청년사역자는 이전보다 잘 짜인 양질의 양육을 준비해야 한다. 참여하는 청년들이 정말 보람을 느끼고 도전을 받는 양육이 되도록 준비해야 한다.

포스트코로나로 인한 언택트 사역의 일환으로 나는 월드와이드 양육을 실험해 보았다. 전 세계 한인 선교사들과 해외 한인 목회자들을 대상으로 '제1회 온라인 줌 바이블 백신 세미나'를 실시했다. 세계 각지의 선교와 목회 현장에 이단들의 침투에 대항할 양육 시스템이 필요하다고 판단하여 해외 몇몇 곳에서 바이블 백신 세미나를 열기로 되어 있었는데, 코로나19로 인해 불가능해지면서 이를 온라인 줌 (zoom)[5]을 활용하여 8주간의 바이블 백신 세미나를 세계한인선교사협회와 협력하여 개최한 것이다. 한국 시각으로 매주 화요일 오전 11시에 온라인 줌을 통해 세계 각지에 있는 동역자들을 초대하여 개최하였다.[6] 놀랍게도 세계 각처에서 소문을 듣고 70명의 사역자가 신청하고 동참하였다. 세미나는 온라인 실시간으로 진행하지만, 글로벌로 진행하다 보니 시간대를 맞추지 못한 분들을 위하여 '다시 보기 영상'을 세미나 기간 동안 제공하였다. 이러한 유연성은 좀 더 많은 사역자들이 바이블 백신 온라인 세미나에 참여할 용기를 주었고, 끝까지 도전하여 수료하도록 동기를 부여하였다.

이와 유사한 실험을 코로나 기간 동안 대전도안교회에서도 실시하였다. 성도들을 위한 양육 프로그램으로 바이블 백신을 평일 오전 10시와 저녁 8시에 진행하였다. 그러자 원근각처에 있는 성도들이 온라인으로 접속했고, 또 본 교회의 양육 프로그램을 사모하던 원거리에 있는 성도들이 자원하여 참여하는 계기가 되었다. 양육을 마치고 설문조사를 해본 결과, 만족도는 기대 이상이었다. 특히 외출 준비를 따로 하지 않고 아이들을 돌보면서 집에서 참여할 수 있어서 여성들의 만족도가 컸다. 온라인 양육으로 효과적이었던 점은 멀티미디어 활용이 즉각적이고 자유롭다는 것이다. 그래서 다양한 자료를 온라인으로 공유하여 양육의 이해도를 높이는 데 많은 도움이 되었다. 양육에 빠지는 분들에게도 강의 영상 링크를 후에 보내 주어 빠진 부분을 보충하도록 돕는다.

체계적 교리·성경 공부, 이제는 필수과정이다

포스트코로나 이후 청년사역에서 성경 공부는 그 어느 때보다 필요하다. 코로나 사태가 터지면서 수면 위에 드러난 신천지 이단의 문제는 한국 사회 전반에 경각심을 초래하였다. 이것을 계기로 무엇인가 실질적인 준비가 일어나지 않으면 제2, 제3의 신천지 사태는 언제든지 다시 일어날 수 있다. 신천지에 빠져든 신도 중 절반가량이 청년들이다. 이는 청년들이 그만큼 잘못된 교리에 노출되어 미혹될 가능성이 크다는 것을 의미한다. 지금이라도 청년들에게 교리에 대한 거룩한 항체를 하루 속히 형성시켜 주어야 한다.

그러려면 청년들에게 체계적인 바른 교리교육과 함께, 이를 왜곡하는 이단들의 잘못된 교리가 무엇인지를 알려주고, 이를 성경적으로 잘 반증하여 바른 교리에 대한 확신을 심어 주어야 한다. 이런 항체 형성 과정은 한두 시간의 단기 세미나로는 어렵다. 적어도 한 학기에서 두 학기 정도의 중·장기적인 관점으로 꾸준히 접근해야 한다. 항체 형성 과정을 위해 '바이블 백신' 프로그램을 활용하기를 권한다. 바이블 백신 접종의 구체적인 내용과 세미나에 대해서는 《바이블 백신 1, 2》(홍성사)와 바이블 백신 홈페이지(bv.or.kr)를 참조하라.

새가족 참석률이 높아지는 온라인 양육

필자가 섬기는 교회에서 온라인을 통해 사역 열매가 나타난 양육은 새가족 양육 과정이었다. 코로나19로 인한 거리두기 기간 중 온라인 예배를 드리는 이들이 많다 보니 함께 모여 새가족 양육 과정을 진행할 수 없었다. 그래서 매주 온라인 줌 양육 링크를 새가족들에게 보내, 새가족 양육을 온라인으로 참여하도록 독려하였다. 이들의 참여율은 꽤 높았고 긍정적이었다. 공동체에 빨리 들어오고 싶은 마음이 있어도 코로나 때문에 쉽지 않았는데, 온라인 양육 기회가 생기자 이를 좋게 받아들이고 적극적으로 참여하였다. 온라인 양육 덕에 새가족들은 코로나19 기간에도 새신자반을 수료할 수 있게 되었고, 공동체에 지속적으로 편입되다 보니 거리두기 중에도 공동체는 꾸준히 성장할 수 있었다.

온라인 양육의 질을 높이라

양육을 온라인으로 전환할 때는 직접 보고 진행할 때와 같은 그룹의 역동성(다이내믹)은 아무래도 반감된다. 따라서 이때는 상호작용보다는 양육 콘텐츠의 질이 중요해진다. 보통 온라인 화상 양육의 경우, 50분 진행하면 10분 정도는 쉬어 주어야 한다고 한다. 그러나 강의가 밀도 있고 다이내믹하게 준비되면 1시간 30분에서 2시간까지도 넉넉히 진행할 수 있다. 양육에 참여하는 자들의 필요에 유용한 영적 양식을 얼마나 다이내믹하고 밀도 있게 공급하느냐가 관건이다.

우리 사회의 변화 중 하나가 대치동 전세 수요의 종말과 더불어 1타 강사만 살아남는 것이다.[7] 대치동은 강남 8학군과 유명 학원들이 즐비한 곳으로 유명하다. 그런데 비대면 시대로 접어들면서 원격수업이 늘자 학군의 프리미엄이 줄어들었다. 학원도 대면 강의가 줄고 온라인 강의가 대세가 되면서 전국 1위 수준의 온라인 강의로 쏠리는 현상이 일어난다. 결국 비대면 시대에는 다른 때보다 더욱 양질의 콘텐츠를 제공할 수 있느냐로 생존 여부가 판가름 나는 것이다.

이것은 청년공동체 양육에도 적용된다. 청년사역자는 청년들을 양질의 콘텐츠로 양육하기 위해 이전보다 훨씬 더 몸부림쳐야 한다.

온라인 소그룹 모임을 진행할 때 고려할 점

▪ 화상회의 프로그램을 이용해 함께 찬양을 하거나 성경 봉독을 할 때는 시간 지연 현상이 일어난다. 이를 해소하려면 유튜브로 찬양을 들으며 부르는 것도 좋은 방법이다. 성경 봉독은 모두 함께 하기보다는 리더가 읽거나 돌아가면서 읽는 것이 좋다.

■ 인도자는 앞에 LED 스탠드나 조명을 두어 화면에 밝은 분위기를 주는 것이 좋다.

■ 가능한 한 조용하고 밝은 장소를 택하고 카메라를 흔들리지 않게 설치한다.

■ 배경화면 기능을 사용하여 모임에 참여하는 이들이 안정된 느낌을 갖게 하는 것도 좋다.

■ 화상 소그룹 기간 중 음소거 기능을 적절히 사용하여 모임이 다른 소음으로 방해받지 않도록 한다.

■ 온라인 모임으로 진행하더라도, 모임을 온라인으로 머물러 있게 하지 말고 어떻게든 오프라인으로 연결시킬 수 있도록 격려하는 것이 좋다. 이를 위해 중간중간 오프라인 모임을 갖는 것도 좋다.

전도

코로나로 인해 청년들이 움츠러들고 예배에 나오기를 꺼려하다 보니 전도는 자연스럽게 위축될 전망이다. 그렇다고 해서 교회를 찾는 영적 욕구와 갈망이 사라지는 것은 아니다. 언택트 시대에는 불안하고 외로운 마음이 더 깊어져 교회와 공동체에 대한 갈망으로 교회를 찾는 이들이 늘 수도 있다. 코로나 사태 이후 신천지와 같은 이단들이 흔들리면서 온라인 예배를 중단한 가운데 교회를 찾는 이들도 있었다. 대면 전도가 매우 어렵기 때문에 이제는 영적 갈망이 있거나 교회를 찾는 이들이 용기를 갖고 교회로 나올 수 있게 주요한 온라인 길목에서 전도의 기회를 찾아야 한다.

내가 섬기는 교회의 경우, 온라인 예배를 드리다가 오프라인 예배로 전환하면서 청년들이 이어서 등록하기도 했다. 그들 가운데 두 명의 사례는 의미심장하다. 한 청년 자매는 18년 동안 신앙생활을 쉬고 있었는데, 어느 순간부터 교회에 가고 싶은 마음이 생겨 유튜브를 검색하다가 우리 교회 유튜브 채널을 만나게 되어 온라인 예배에 참여하기 시작했다. 그러다 마침내 결단하고 스스로 교회에 발을 내딛게 되었다. 유튜브가 전도의 통로가 된 것이다. 다른 한 형제는 신천지 교회를 다니다 코로나 사태로 신천지 문제가 불거져 그곳에서 나온 뒤 교회를 찾아 방황했다. 그러던 중 우연히 우리 교회 성도를 만나 이야기를 나누다가 "우리 목사님은 이단에 있던 사람들, 특히 신천지 사람들을 너무 좋아한다"는 말에 마음을 열고 오게 되었다. 단편적인 예이긴 하지만, 패러다임 변화 가운데 새롭게 열릴 전도 가능성을 예고하는 상징적인 사건이라고 생각한다.

언택트 시대에 펼쳐질 가장 강력한 욕구는 안전에 대한 갈망이다. 코로나로 인한 현실적 두려움과 실존적 외로움, 또 이단의 위협으로부터의 안전 등에 대한 갈망을 공동체가 충족시켜 줄 수 있다면, 전도의 문은 여전히 열려 있다. 청년 공동체와 공동체의 지체 각 개인이 두려움 가운데서도 성령의 능력으로 강렬한 생명력을 주변에 발하며, 주요한 온라인 골목과 사회적 관계망의 골목에서 이들을 초청할 때 전도의 문은 열리게 된다. 따라서 언택트 시대에는 공동체와 각 지체가 성령의 능력으로 예수의 생명력을 역동적으로 발하는 동시에 이를 온라인과 사회 관계망을 통해 퍼져 나갈 수 있게 해야 한다.

안전의 욕구를 충족시키며 공동체로 초대하기 위해 홈페이지와 유튜브 채널에 온라인 새가족 등록 메뉴를 만드는 것은 어떨까? 교회에 가서 등록하기 원하지만 하지 못하는 예비된 영혼이 반드시 있을 것이다. 현재 내가 섬기는 대전도안교회의 경우, 온라인 새가족 등록란을 통해 매주 1-2명씩 꾸준히 등록하고 있다. 등록을 하면 환영하는 문자 메시지를 보내며 통화가 가능한 시간을 잡는다. 직접적인 통화를 하고 환영의 메시지와 새가족 과정을 안내한다. 새가족 양육 일정이 잡히면 문자로 일정을 보내고, 온라인 화상 회의를 통해 새가족 양육을 진행한다. 이렇게 해서 매달 꾸준히 새가족을 수료한다. 온라인으로 예배를 드리지만, 그 가운데 성령께서 역사하신다. 완전 불신자들이 변화받아 삶이 변하고 세례를 받는 역사가 계속해서 일어난다. 청년사역자는 생명과 영생에 대한 갈망이 모든 통로(all-line)를 통해 연결되도록 각 공동체의 상황에 맞추어 세심하게 배려해야 한다.

기도

포스트코로나 시대에 저항할 수 없는 거대한 팬데믹의 영향력 앞에 성도는 기도할 힘조차 잃어버릴 수 있다. 함께 모여 기도하면 그나마 힘이 났는데, 각자 떨어져 있는 상태에서 기도의 힘을 낸다는 것은 쉬운 일이 아니다. 다음은 한 자매가 보내 온 문자이다.

목사님, 안녕하세요? 제가 초등학생 같은 질문 드려도 돼요? 요즘 기도를 못 하겠어요. 하나님은 하나님 뜻대로 사람을 죽이고 살리고 하시잖아요? 아무리 기도한들 하나님 뜻이 아니면 데려가시잖아요. 예수님도 땀이 피가 되도록 기도하셨어도 하나님 뜻대로 십자가에 달려 돌아가신 거 아닌가요? 지금 코로나상황도 하나님의 때가 되어야 끝나는 거지 우리가 아무리 기도한들 끝내 주시지 않잖아요. '뭐든 하나님 뜻대론데 그냥 기다리고 있으면 되지 기도는 왜 하나?' 자꾸 그런 생각만 드네요.

이럴 때 무슨 대답을 할 수 있을까? 나는 이렇게 답신을 보냈다.

샬롬, 자매님! 좋은 질문 감사드려요~ 기도에 회의가 찾아올 때, 기도를 계속해야 할까 하는 문제는 우리에게 찾아오는 참 큰 도전입니다. 기도의 능력, 기도의 효과를 믿을 것인가, 아니면 기도 자체를 불신할 것인가? 헷갈리지요. 기도는 두 방향이 다 있습니다. 기도를 통해 우리가 하나님의 뜻대로 변화되기도 하고, 하나님이 우리의 요구에 변화되기도 하시지요. 예수님의 기도는 하나님의 뜻을 변화시키고 싶은, 할 수 있으면 피하고 도망가고 싶은 예수님의 자유 의지를 하나님 앞에 내려놓는 치열한 씨름의 과정이셨지요. 예수님은 거절하실 수 있었고, 십자가를 피하실 수도 있었습니다. 그러나 하나님의 뜻을 이루기 위해 자기를 복종시키신 것이지요. 그러나 만약 예수님이 십자가를 피하셨으면 우리의 구원은 요원했겠지요. 예수님은 이것까지 보시고 기도를 통해 순종할 힘을 얻으셨던 것입니다. 예수님의 기도가 있었기에, 예수님은 순종의 길 가운데서도 마지막 호흡이 끊어질 때까지 하나님과의 교제(기도)의 끈을 놓지 않고 순간순간 의지하며 나가실 수 있었던 것이지요. 우리도 늘 이 두 가지로 고민하고 있다고 생각합니다. 코로나 상황은 일단 인간의 탐욕으로 시작된 것이고, 이것이 하나님의 때가 되어야 끝나겠지만, 그때를 앞당길 수도 연기시킬 수도 있는 것은 우리의 기도가 큰 역할을 합니다. 단 코로나로 인해 고통을 당하는 가운데 하나님과 의미 있는 관계를 맺고 이 시기에도 섭리하시는 하나님의 손길을 인식하며 어려움 가운데도 하나님과 의미 있는 교제를 이어가는 것은 기도 없이는 불가능합니다. 이 시기에 기도가 사라지면 하나님과 나 사이의 의미 있는 관계가 약화됩니다. 가족 간의 관계에서도 어려움 가운데 의미 있는 관계가 이어지려면, 말도 안 하고 데면데면한 것이 아니라 계속해서 서로의 어려움을 나누며 위로하는 소통이 있어야 하는 것과 같지요.

기쁠 때나 슬플 때나 고통 가운데나 하나님과 함께하는 것이 언약 백성의 부르심입니다. 언약관계는 마치 결혼관계와 비슷해서 우리가 결혼식 때 하는 서약과 비슷한 면이 있습니다. 기쁠 때나 슬플 때나 인생의 고락간에 변치 않고 늘 함께하는 관계. 이것이 결혼관계이고 언약관계입니다. 부디 고민을 해결하는 데 도움이 되었으면 좋겠어요~

코로나 사태 이후 지체들의 기도 동력이 많이 떨어질 수 있다. 따라서 사역자는 물론이거니와 임원, 리더들은 그 어느 때보다 집중적인 중보기도가 필요하다. 예수께서도 베드로가 예수님을 부인하고도 그의 믿음이 떨어지지 않도록 간절히 중보기도하지 않으셨는가?

내가 너를 위하여 네 믿음이 떨어지지 않기를 기도하였노니 너는 돌이킨 후에 네 형제를 굳게 하라(눅 22:32).

포스트코로나 시대는 리더의 중보기도가 그 어느 때보다 많이 필요하다. 기도의 골방을 확보해야 할 때다. 청년사역자는 중보기도의 골방을 마련하여 수시로 들어가 하나님께 그분의 능한 손길을 구해야 한다. 또한 핵심 리더그룹에게 기도의 중요성을 알리고 지속적으로 기도제목을 올려 온라인으로라도 기도회를 지속해야 한다. 또한 기도 응답이 있을 때 함께 나누고 기뻐하면 기도의 동기가 더욱 강력하게 지지된다.

언택트 시대에 개척해야 할 사역들

SNS와 메신저를 이용한 사역

대면 접촉이 갈수록 어려워지기에, 이제 청년들에게 접촉하는 주요 수단은 SNS와 메신저가 대세이다. 평범하게 사용하는 것을 넘어 좀 더 효율적으로 사용하려면 어떻게 해야 할까? 이들에게 소식을 전하는 통로일 뿐 아니라 함께 공동체의 사귐과 나눔에 동참하게 하려면 어떻게 해야 할까? 이제는 SNS와 메신저에 신선한 영적 자극과 함께 설득력을 더해야 한다. 설득력은 말의 논리만이 아니라 시각적 감성과 청각적 감성을 자극하는 면도 포함한다.

유튜브와 영상 콘텐츠 제작

코로나 이후 청년들이 유튜브와 영상 콘텐츠를 많이 소비하는 데 비해 양질의 신앙 콘텐츠가 많이 부족한 상황이다. 공동체에서 함께 소비하며 신앙을 지킬 수 있는 양질의 콘텐츠 제작에 함께 조금씩 도

전해 보아야 한다. 영상 제작과 일러스트 등은 포스트코로나 시대 새로운 사역 언어로 자리 잡았다.

공동체성을 강화할 수 있는 온라인 중그룹 모임(도라방)

오프라인만큼 충분하지는 않지만, 그래도 온라인으로 공동체성을 강화할 수 있는 사역을 개발할 필요가 있다. 대전도안교회 청년부에서는 코로나 이후 '도라방'(대전도안교회라이브방송)이라는 이름으로 유튜브 실시간 방송을 금요일 저녁 시행해 보았다.[8] 방송 부스를 만들어 청년 리더 둘이 사회를 보고 사역자가 참여하여 재미있고 유익한 대담을 진행하며 그 대화에 청년들이 실시간 채팅으로 참여하는 형식이다. 서로를 알아가고 공동체에 애정을 갖고 모이도록 하는 신선한 시도였고 청년들의 호응도 뜨거웠다. 사역자는 어떻게든 청년들의 공동체가 느슨해지는 것을 방지하기 위하여 다양한 언택트 사역 기술과 언어를 개발할 필요가 있다.

온라인 사역을 지속할 수 있는 안전한 가교 모임

온라인 사역은 궁극적으로 오프라인으로 연결되는 것이 바람직하다. 하지만 코로나19와 같은 팬데믹 사태가 장기화되거나, 또 다른 종류의 팬데믹 질병이 퍼질 때 오프라인 사역은 필수적인 예배를 제외하고는 대부분 온라인 사역으로 전환될 것이다. 이렇게 될 때 오프라인 모임은 간헐적으로 열려 온라인 모임을 격려하고 유지시켜 주는 촉매제로 사용된다. 청년사역자는 온라인 사역이 지속되어도 중간중간 오프라인적 요소를 사역에 가미시킬 것을 고민해야 한다.

온라인과 오프라인의 장점을 결합하라

코로나가 한창이던 2020년 5월, 세계 최대의 전자상거래 업체인 아마존과 세계 최대 오프라인 유통업체인 월마트의 1분기 실적이 발표되었다.[9] 1분기면, 코로나 19사태로 오프라인 매장이 커다란 충격을 받을 시기였다. 다들 아마존이 뛰어난 실적을 거두고 월마트는 어려움이 있을 것으로 보았다. 그런데 결과는 정반대였다. 아마존은 외형적인 매출이 늘었지만 순익 실적이 전 분기에 28.8프로나 하락했다. 반면, 월마트는 도리어 이 기간에 순익이 3.9퍼센트, 매출도 8.6퍼센트가 증가했다. 다들 깜짝 놀랐다. 도대체 어떻게 된 것일까? 알고 보니 많은 고객이 인터넷으로 주문하고 물건이 올 때까지 기다린 것이 아니고, 월마트 모바일앱을 통해 주문하고 곧바로 가까운 월마트 매장에 차를 몰고 가서 받아 왔다. 매장에 가면 직원이 물건을 직접 실어 주며 따뜻한 인사를 건넨다. 신선식품도 곧바로 실어 준다. 코로나가 유행하는 시기에는 비대면이 가장 큰 강점인 줄 알았는데, 직접 차를 몰고 가서 인사받고 환영받으며 사람 사는 느낌, 따뜻함을 주는 월마트가 더 강점이 있다는 것이 드러났다. 단지 비대면으로 물건을 보내기만 하고 끝나는 것이 아니라 어떻게든 인간적인 따뜻함을 느끼게 하는 비즈니스 모델이 각광을 받고 있는 것이다. 우리나라에도 이런 비즈니스 모델을 결합한 것이 큰 호응을 얻고 있다. 동네 직거래 장터 앱인 '당근마켓'이 그렇다. '당근 가게'가 아니라 '당'신 '근'처에 있는 중고장터를 앱으로 연결한 것을 말한다. 여기에는 매너 온도를 평가하는 것이 있다. 훈훈함을 느끼고 친절함을 느끼도록 자극하고 격려하는 것이다. 온라인과 오프라인이 절묘하게 결합되어 사람들의 필요를 따뜻하게 연결해 준다.

앞으로의 청년사역도 온라인의 비중이 점차 늘어갈 가능성이 크다. 이때 놓치지 말아야 할 것이 인간적인 따뜻함, 그리스도의 사랑과 평안, 그리고 성령의 기쁨이다. 이런 것들로 함께 연결해 갈 때, 온라인 사역에도 온기가 돌아 더욱 훈훈해질 것이다. 온기가 도는 온라인 사역은 오랫동안 지속될 수 있다.

언택트 시대, 카멜레온이 되라

코로나 사태로 인해 어느 날 갑자기 우리에게 언택트 시대가 찾아왔다. 하지만 언제까지나 언택트로 머물까. 혈기왕성한 청년들은 언택트 상태로 머물러 있지만은 않는다. 조금 안전하다 싶으면 언제라도 자리를 박차고 오프라인 현장으로 나오고 싶어 한다. 코로나19가 진행되는 동안에도 사회적 거리두기가 완화되고 교회에서 오프라인 예배를 재개하자 대전도안교회의 경우, 새가족들이 다시 등록하기 시작했다. 이때 등록한 새신자의 80퍼센트가 청년들이었다. 그만큼 청년들은 오프라인에 대한 욕구가 강한 것이다. 청년들은 장년에 비해 이동이 자유롭고 공동체에 대한 열망이 크다. 장년들은 교회를 선택할 때 가족들까지 고려해야 하지만, 청년들은 홀로 나오면 되니 부담이 훨씬 덜하다.

따라서 언택트에서 콘택트로 전환될 때, 청년들을 맞이할 준비된 교회를 청년들은 찾아온다. 언택트 시기의 사역 기간 동안 얼마나 온라인 언어로 이들과 소통하며 양질의 콘텐츠를 나누고 주요한 전도 길목(가상-온라인 길목)을 지키고 있었느냐가 매우 중요하다. 코로나

19 이후 여러 전염병이 안전을 위협할 때 우리는 언제든지 온라인으로 사역을 전환할 준비를 하고 있어야 한다. 따라서 앞으로의 시대는 콘택트와 언택트의 경계를 수시로 넘나들 것이다. 청년 공동체와 청년사역자는 수시로 바뀔 수 있는 환경에 따라 사역의 언어와 색깔을 바꿀 카멜레온이 되어야 한다.

미국 스탠퍼드 대학의 역사학자 니얼 퍼거슨 교수는 얼마 전 한 언론과의 인터뷰에서 포스트코로나가 아닌 '위드 코로나'(with corona) 시대를 준비해야 한다고 주장했다.[10] 언젠가 백신과 치료제가 개발될 것이고, 그러면 지금과 같은 비상 상황은 다시 코로나 이전 시대로 돌아갈 가능성이 크다는 것이다. 지금과 같은 언택트 시대의 트렌드는 백신이 개발될 때까지 한시적이라고 본 것이다. 하지만 코로나로 인해 개발된 효과적인 언택트 기술이 사용되다 보면 코로나 치료제가 나오더라도 새롭게 우리 사회와 청년들의 일상 관행을 변형시킬 것이다. 코로나 이전 시대로의 회복을 기다리며 준비하고 있는 청년공동체는 갑자기 몰아닥친 급진적인 변화와 점진적인 변화 모두에 적응할 수 있는 카멜레온 공동체로 준비되어야 한다.

언택트 시대와 성령충만

예수께서 부활하신 날 저녁, 제자들은 함께 모여 언택트 모드를 유지하고 있었다. 유대인들이 두려워 발각되지 않으려 몸을 숨겼고, 문을 걸어 잠그고 있었다. 주님은 언택트 모드를 유지하는 제자들 가운데 나타나셨다. 그리고 이들에게 평강을 주시며, 이들을 향하여 숨을 내쉬며 "성령을 받으라"고 말씀하셨다(요 20:19-22).

이후 예수께서 승천하시고 제자들은 마가의 다락방에 속속들이 모여들었다. 예수께서 약속하신 성령을 받기 위해 기다리고 있었다. 이들은 이곳에서 열흘을 숨어 지내며 잔뜩 움츠러들었다. 마가의 다락방은 예루살렘 성읍에서 가까웠다. 이들의 존재가 발각되면 대제사장들이 보낸 무리가 자신들을 잡으러 곧바로 들이닥칠 수 있었고, 예수를 따르던 도당이라고 하여 붙잡혀 어려움을 겪을 수 있었다. 이들은 잔뜩 움츠러들어 외부와의 접촉을 완전히 차단한 언택트 공동체였다. 그러나 이들은 마음을 같이하여 기도에 힘썼고, 마침내 예수께서 약속하신 성령을 체험하게 되었다. 오순절에 성령이 강림하시자, 이들은 성령으로 충만하여 입술을 열어 예수 그리스도를 증거하기 시작했고, 두려움을 이기고 담대히 사람들과 활발히 접촉하는 콘택트 공동체로 놀랍게 변화되었다.

성령은 언택트 시대에 놀라운 생명력으로 비대면의 공간적 장벽을 뚫고 역사하시는 분이다. 언택트 시대에 청년공동체는 어떻게든 성령으로 충만해야 한다. 성령으로 충만하면 비대면이든 대면이든 어떤 상황에든지 마음과 뜻과 힘을 다하여 주변의 청년들에게 예수의 생명을 혁신적으로 공유하기 시작할 것이다. 언택트 시대이든 콘택트 시대이든 청년들에게 정말 필요한 것은 예수의 생명이고, 이들에게 정말 필요한 콘택트는 예수 그리스도임을 확신하기 때문이다. 언택트의 장벽을 뛰어넘는 혁신적이고 새로운 종류의 거룩한 콘택트가 시작된다. 언택트 시대일수록 성령충만을 구하라. 주님의 마음을 구하라. 그리고 눈물을 구하라. 언택트 시대에도 놀라운 부흥의 역사가 계속될 것이다.

핵심가치를 실현하는 청년사역

WEEPS

Worship

Evangelism

Education

Prayer

Safety

1.

핵심가치를 실현하는 조직:
하우스 다이어그램과 WEEP

청년사역의 핵심가치는 'WEEP'이다. 핵심가치는 단지 정의 내리는 것만으로 그쳐서는 안 된다. 이것이 조직 전체를 움직일 때 핵심가치는 의의가 있다. 우리 교회 청년사역에서 핵심가치인 WEEP를 공동체 안에 구체적으로 적용하기 위해서는 두 가지가 필요했다. 첫째는 각 가치에 대한 성경적, 이론적 기반을 갖는 것이다. 둘째는 각 가치를 실현할 수 있는 구체적인 조직이 뒷받침되어야 한다. 각 가치에 대한 성경적 근거는 이미 2장을 통해 살펴보았다. 여기서는 각 가치들이 어떤 조직을 통해 구체적으로 어떻게 구현되는지 살펴보고자 한다.

조직은 가치를 담는 그릇이다. 조직이 효율적이고 탄탄하게 잘 정비되어 있으면 그 안에서 핵심가치가 살아나고 청년공동체가 일관된 방향으로 나아갈 수 있다. 청년사역의 핵심가치를 담기 위한 구체적인 조직은 청년사역 단체 Young2080에서 제시하는 '하우스 다이어그램'에서 많은 도움을 받았다. 하우스 다이어그램이란 청년사역 전문가인 고직한 선교사가 균형 있는 청년사역을 위해서 있어야 할 조직적인 요소들을 도식화한 그림이다.

다음의 하우스 다이어그램은 《청년사역, 맨땅에 헤딩하지 말자!》에서 인용한 그림이다.[1]

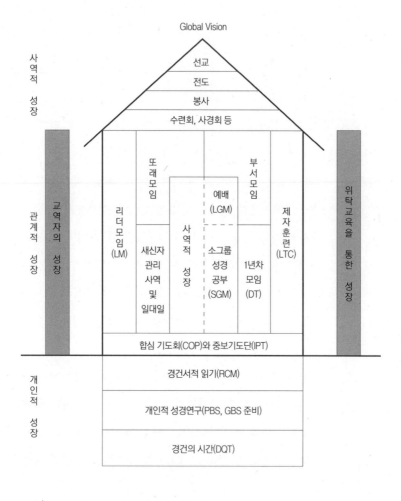

위의 하우스 다이어그램을 청년공동체 조직에 맞게 그려 본다면 다음과 같이 그릴 수 있을 것이다.

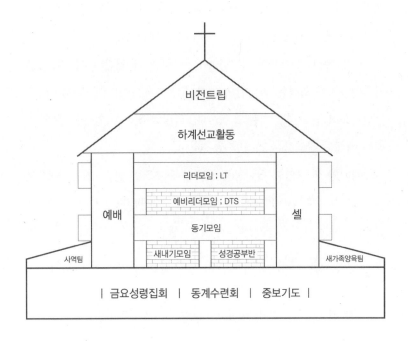

위의 그림을 구성하는 조직의 요소들을 하나하나 살펴보자면 다음과 같다.

양대 기둥으로서 예배와 셀 모임

청년공동체에서 예배와 셀은 전체 조직을 떠받치는 가장 근본적인 조직이다.

▪ 예배: 예배는 셀과 더불어 전체 청년공동체 조직의 기둥 역할을 한다. 청년공동체가 건강하게 서려면 무엇보다 예배가 건강하게

살아나야 한다. 예배는 청년공동체의 모든 조직을 살아나게 하는 영적 발전소이다. 기둥이 약하면 건물이 쓰러지는 것과 마찬가지로 예배가 약화되어 주일에 그저 빨리 치러야 하는 의무적인 행사로 전락한다면 공동체 전체가 서서히 쇠락의 길을 걷게 될 것이다.

■ 셀: 예배와 더불어 청년공동체를 든든하게 뒷받침하는 또 다른 기둥이다. 셀 조직은 하나님의 거룩하심을 세상 가운데 구체적으로 구현하도록 돕고 지원하는 조직이다. 삶의 현장에서 일상을 통해 드리는 예배를 격려하는 조직인 것이다.

예배와 셀 모임이 청년공동체의 양대 조직인 만큼, 가능한 한 이 둘이 균형 있게 자라 가도록 힘써야 한다. 예배만을 중시하다가는 자칫 헌신 없는 구경꾼들을 만들기 쉽고, 셀 모임만을 중시하다가는 셀 밖의 사람을 배척하는 폐쇄적인 모임으로 전락할 수 있다.

양대 기둥을 공고히 지탱해 주는 버팀목: 리더모임과 동기모임

기둥을 그냥 세워만 놓으면 자칫 지붕의 무게에 균형을 잃고 쓰러질 수 있다. 이때는 버팀목으로 양 기둥을 든든하게 지지하여 균형을 잃지 않도록 뒷받침해 주어야 한다. 청년사역 조직에서 예배와 셀을 든든하게 도와주는 버팀목으로 리더모임과 동기모임이 있다.

■ 리더모임: 청년사역이 탄력을 받기 위해서는 좋은 리더들을 많이 확보하여야 한다. 리더모임은 리더들을 참된 예배자로 서도록 훈련하고, 셀이 살아 움직이는 유기적인 조직이 되도록 격려하며 힘을 실어 주어야 한다. 리더모임은 교역자가 직접 인도하고, 리더만큼은 교역자가 직접 관심을 갖고 점검하는 것이 좋다.

▪ **동기모임**: 청년공동체를 수평적으로 지지해 주는 모임으로 동기모임, 즉 또래모임이 있다. 우리 청년공동체에서는 같은 나이 또래를 동기라고 부른다. 장년 조직으로 말하자면 남전도회와 여전도회에 해당할 것이다. 처음 부임했을 때 공식적인 동기모임 조직이 없었다. 이전부터 서로 알고 지내던 몇몇 또래끼리의 지엽적인 모임만이 있었을 뿐이다. 그래서 부임한 지 얼마 되지 않아 매주일 예배 후 대학 1년생 또래부터 각 연령대 지체들을 함께 모이도록 하였다. 여기서 동기 장을 선출하고 한 해 동안 동기모임을 이끌어 가도록 하였다. 동시에 과제를 하나 주었다. 그것은 한 달 후 동기들이 특송을 준비해 예배 시간에 찬양하는 것이었다. 이렇게 하자 동기모임은 자발적으로 활발히 모여 연습하기 시작하였다. 함께 뭉치며 서로를 알게 되었다. 연습을 위해 동기모임이 활발히 움직였다.

동기모임의 가장 중요한 사명 중 하나는 새로 들어오는 동기들을 환영하는 것이다. 새신자가 처음 와서 정착할 때 동기들이 매우 중요한 역할을 한다. 처음 와도 동기라는 이유로 다가와 몇 마디 말을 주고받다 보면 바로 말을 트고 가까워진다. 동기라는 이유로 동기모임에서 서로를 챙겨 주고 관심을 가져 준다. 이러한 관심과 친근함이 동기모임을 더욱 끈끈하게 만든다. 또래에 기수를 붙이는 것도 좋다.

예배와 셀의 기둥을 멋지게 채워가는 여러 벽돌들

예비리더모임, 성경공부반, 새가족팀, 새내기모임, 사역팀 등과 같은 조직들은 예배와 셀을 지탱하고, 외부의 바람을 막아 주기 위한 여러 벽돌들이다.

• **예비리더모임**(DTS): 이는 리더모임에 앞서, 좋은 리더를 발굴하여 배치하는 예비리더 훈련모임이다.

• **성경공부반**: 초신자의 경우, 6주간의 신앙 기초 공부로 신앙의 기초를 다지고, 기존 신자의 경우, 12-16주의 성경공부를 통하여 기본적인 사항을 공부한다. 이 과정을 마치고 더 깊이 있는 공부를 원하는 사람들은 심화된 성경공부를 선택할 수 있다. 성경공부반은 셀 나눔과 같이 모두 참여하지 않고, 희망자에 한해 공부한다. 이러한 성경공부는 선택적이기는 하지만 예배와 셀 모임을 더욱 풍성하게 하며, 잠재적인 리더 형성에 기여한다.

• **새가족팀**: 새가족을 양육하고 셀에 배치하여 적응할 때까지 도와주는 새가족팀이 있다. 새가족팀의 리더는 12-20명 사이로 구성된다. 새가족팀의 양육과정은 본래 4주 과정이었다. 보통 한 사람이 다른 사람과 인격적인 관계를 맺기 위해 요구되는 기간을 평균 4주 정도로 본다. 청년공동체에서는 장년부서의 신입부와 마찬가지로 새가족 교육을 원칙적으로 4주 과정에 일대일 교육을 전제하였다. 그러나 청년공동체의 경우, 해가 지날수록 새가족이 점점 많이 와서 기존의 양육 리더만으로는 교육이 원활하게 되지 않았다. 이에 대한 대안으로 양육 리더를 좀 더 확보하는 동시에 양육과정을 3주로 단축하고, 교재를 청년공동체의 실정에 맞도록 새롭게 만들었다. 양육도 일대일에서 일 대 이, 혹은 일 대 삼까지 하도록 하였다.

• **새내기 모임**: 매년 초, 고등부에서 새내기들이 올라온다. 이때 이들을 집중적으로 붙잡고 지도하지 않으면 자칫 흩어질 수 있다. 그래서 매년 초 고3이 청년공동체로 들어오자마자 바로 새내기 모임을

구성하여 이끌어 간다. 기본적인 성경공부 교재와 함께 새내기들이 캠퍼스에 처음 들어갔을 때 고민할 만한 주제들을 선정하여 진행한다. 이 모임은 대학교 4학년 혹은 이제 대학을 졸업한, 셀 리더를 경험한 선배들을 섭외하여 교육하도록 한다.

■ **사역팀**: 청년공동체에는 기존 셀 조직이 아니라, 은사에 따라 다양하게 섬기는 12개의 사역팀이 있다. 각 사역팀을 소개하면 다음과 같다.

마하나임 청년예배 및 기타 찬양집회 때 찬양을 인도하며 WEEP 공동체에 다양하고 깊이 있는 찬양 문화를 보급한다.

익투스 청년공동체에서 주관하는 모든 행사를 영상 기록으로 남기며, 컴퓨터 그래픽 및 영상 홍보물을 편집하는 영상선교팀이다.

JVN 문서선교팀. 예수비전뉴스(Jesus Vision News)의 약자로 청년공동체에서 매주 발행하는 소식지의 이름이다. 한 주간 공동체의 따끈따끈한 소식들을 전해 주며 기독교 문화의 트렌드를 소개한다.

뿔라 젊은이들의 감각에 맞게 감동을 표현하는 워십댄스팀.

카리스 어떻게 하면 더욱 깊이 능력 있게 기도하는지 고민하며, 함께 공동체와 이 세대를 위해 기도한다.

크리시스 무도를 통해 친목을 도모하며, 하계선교활동을 비롯한 다양한 기회에 무예를 통해 복음을 증거한다.

시네미션 시대 흐름과 사랑을 담는 영화를 통해 우리 시대 크리스천의 자화상을 모색하며 기독교적 관점으로 이 시대를 바라보는 영화 사역팀이다.

켑스(KEBS) 영어성경공부 모임으로 한영성경공부(Korean English Bible Study)의 약자이다. 원어민 크리스천들과 함께 성경과 CCM 을 배우고, 친교를 통해 영미권 문화를 자연스럽게 익히도록 한다. 세상에서 경쟁력을 갖추고 세계 선교를 꿈꾸는 크리스천을 소망한다.

파죽지세 매주 정기적으로 축구, 농구 등 다양한 운동과 다른 팀과의 경기를 통해 친목을 도모하고 그리스도의 향기와 사랑을 전하며 체력을 기른다. 예비역을 흡수하기에 더할 나위 없이 좋은 사역이다.

예수손길 매달 정기적으로 고아원 및 양로원을 방문하여 그리스도의 사랑을 전하는 긍휼 사역팀. 도움을 필요로 하는 분들에게 다가가 예수님의 손길이 되어 함께 울고 웃으며 작은 천국을 이루어 간다.

작은소리 아름다운 영혼의 화음으로 하나님을 찬양하는 중창단. 정기적으로 예배 시간을 통하여 하나님을 찬양한다.

든든한 기초: 금요성령집회, 중보기도팀, 겨울수련회

▪ **금요성령집회**: 청년공동체의 폭발적인 영성의 근원지다.

▪ **중보기도팀**: 청년공동체의 중보기도 제목을 갖고 매주 세 번 모여 함께 간절히 기도하는 중보기도팀은 공동체의 기초를 든든히 한다.

▪ **겨울수련회**: Young2080에서 제시하는 하우스 다이어그램에 따르면 수련회 혹은 사경회를 사역적 성장 영역에 포함시켰다. 그러나 우리 청년공동체의 경우, 수련회는 새해의 새로운 조직들을 견고하게 하고, 기도와 말씀에 집중하며, 예배를 더욱 든든하게 세우는 역

할을 해왔다. 성공적인 겨울수련회는 한 해 동안의 청년사역을 위한 탄탄한 기초를 이룬다.

멋진 지붕: 하계선교활동, 비전트립

멋진 지붕은 하우스 다이어그램에서 사역적 성장 영역으로 분류하는 봉사와 전도와 선교에 해당한다.

이상과 같이, 청년공동체를 이루는 각 모임들이 하나하나 세워지고 서로 연결됨에 따라 청년공동체라는 집이 든든하게 지어짐을 경험하였다. 이 조직을 좀 더 확대해서 생각해 보면 장년조직과 유사성을 갖는다. 청년공동체를 이루는 조직들은 사실 조직의 명칭이 생소할 뿐이지, 그 성격은 장년의 조직과 비교할 때 생소한 것이 아니다. 교회의 장년 조직과 청년 조직을 대비해 본다면 유사성이 있다.

결국 청년공동체에서 훈련받고 헌신하며 봉사했던 청년들은, 결혼하고 장년부에 가도 장년부서의 조직을 별 무리 없이 이해하고 받아들이고 적응할 역량을 갖추게 된다.

2.

임원의 팀워크를 살려라: 교역자와 임원단

청년공동체의 임원은 전체 행정 조직이 원활하게 돌아가도록 적당한 혈액을 공급하는 심장 역할을 한다. 교역자와 가장 가까이서 청년공동체 전체 살림을 돌아보며 교역자의 목회방침과 비전을 이해하고 함께 그 방향으로 달려간다. 그러기에 좋은 임원들을 얻는 것이 교역자에게는 커다란 복이다. 이런 임원들과 함께 일하는 것은 교역자에게 천군만마(千軍萬馬)를 얻는 것과 같다. 우리 청년공동체의 경우 간사 제도는 아직까지 도입하지 않고 있다. 그러나 임원들이 웬만한 간사 못지않은 역할을 감당해 왔다. 또한 대다수 임원들이 섬기는 임기 동안 사역 역량이 자라고, 영적 성숙을 경험한다.

임원의 사역 단계, 1년 주기를 단위로

청년공동체 임원의 임기는 1년이다. 이들이 처음 임원으로 임명

되었을 때는 조직을 전체적으로 바라보는 안목도 없고 일을 처리하는 방식도 미숙하다. 그러나 처음부터 능숙한 임원은 없다. 문제는 이런 임원들을 어떻게 훈련시키며, 사역 역량을 극대화하느냐에 달린 것이다. 임원의 1년 사역 기간은 크게 다섯 시기로 나눌 수 있다. 교역자는 임원 사역의 각 단계를 파악하고 단계에 적절한 긴장을 주고 필요한 훈련을 시행하여야 한다. 시기에 맞는 적절한 운영을 시행했을 때, 연말쯤 되면 초기의 미숙했던 모습은 사라지고 어느덧 듬직한 사역자로 성장해 있음을 보게 된다. 임원들과 함께 사역을 하는 데 있어 각 단계에 맞는 운영이 무엇보다 필요하다. 임원들의 사역 단계를 분류하면 다음과 같다.

학습기(12-2월) / 적응학습기(3-6월) / 여름사역기(7-8월) / 사역기(9-11월) / 정리기(12월)

학습기(12-2월)

12월 첫 주 주일에 임원이 선출된다. 이때부터 신임원은 기존 임원으로부터 사역을 인수인계 받는다. 교역자는 기존 임원 각자에게 11월 말까지 자신의 직분에 해당하는 고유한 매뉴얼을 작성하게 한다. 이 매뉴얼은 기존 매뉴얼을 기반으로 자신이 경험했던 임원 생활의 노하우를 추가하여 기록한 일종의 역할 규정 지침이다. 이 매뉴얼은 이전 해 12월 초에 전년도 임원들이 작성하여 넘겨준 매뉴얼에다 그해의 임원들이 경험했던 새로운 내용을 추가하여 보완한 매뉴얼이다. 이렇게 보완한 매뉴얼은 신임원이 선출되기 전까지 준비하도록 한다.

12월 한 달간 기존 임원은 새롭게 선출된 임원에게 자신의 역할을 인수인계한다. 이때 신임원은 기존 임원으로부터 매뉴얼을 넘겨받는다. 그리고 매뉴얼 활용법을 교육받는다. 매뉴얼의 실제적 이해를 돕기 위해, 신임원들은 기존 임원을 따라다니며 옆에서 하는 것을 직접 보고 배운다. 그리고 12월 말에, 신구 임원들이 함께 수양관과 같은 조용한 곳으로 가서 새해 계획을 세운다.

신임원들은 새해 1월과 2월 중 수련회를 준비한다. 처음으로 커다란 행사를 치르면서 신임원들은 행사 기획과 추진 능력을 배운다. 연초의 수련회 준비는 한 해 동안 치러야 할 굵직한 행사들을 운영하는 좋은 밑거름이 된다. 이때는 신임원들이 아직 미숙한 부분이 있기에 전년도 임원들도 옆에서 돕도록 한다.

적응학습기(3-6월)

적응학습기에는 여러 가지 바쁜 일들이 기다리고 있다. 대학부의 경우 새 학기가 시작되고, 청년부의 경우 1-2월에 천안 지역으로 직장을 찾아 들어온 인구가 많은 시기이다. 이러한 흐름으로 청년공동체에 활기가 돌고 들썩들썩하다. 이때 임원은 새로운 성장의 발판을 위한 행사와 각 절기(사순절, 부활절 등)와 행사에 따른 예배 기획을 준비하며 임원 생활에 적응하는 기간을 가진다. 이 기간 동안 임원 간 커뮤니케이션이 원활하지 못하여 갈등이 생기는 경우도 있고, 이것을 해결하는 법을 배우기도 한다. 아직은 청년공동체의 제반 행정과 운영에 대해 많은 것들이 생소한 기간이므로, 교역자는 일일이 행정 업무 전반을 꼼꼼하게 챙기고 점검하도록 한다. 임원들이 자꾸만 실수하는 영역을 발견하고 보완하도록 돕는다. 이 기간 동안 임원들은 교역자의 리더십 스타일을 파악하고 적응한다. 교역자의 비전과 교역자가 의도하는 것이 무엇인가를 배워 가는 시기이기도 하다. 이 기간을 지나서 6월쯤 되면 임원들은 어느 정도 자신의 역할을 능숙하게 처리할 역량을 갖춘다.

여름 사역기(7-8월)

여름 사역기는 청년공동체의 가장 큰 사역인 하계선교활동을 준비하고 사역하는 기간이다. 이 기간은 청년공동체의 모든 역량을 쏟아붓는 시기이므로, 많은 준비와 기도가 필요한 시기이다. 임원들의 경우 그동안 임원 활동을 하면서 배우고 익혔던 모든 역량을 집중적으로 쏟아 부어야 한다. 이때 교역자는 적응학습기 동안 꼼꼼하게 점검했던 임원들의 제반 사항들에 대해 한 발 뒤로 물러나 임원들 스스로가 준비할 수 있도록 위임한다. 일부러라도 임원들이 자율적으로 일할 공간을 배려해야 한다. 이때 교역자는 임원들 스스로 처리하도록 동기부여를 하고 서로가 힘을 합쳐 커다란 행사를 잘 치르도록 격려한다.

하계선교활동이 커다란 행사다 보니, 하선활을 마치고 나면 몇몇 임원들의 탈진 증세가 나타나기도 한다. 이때 임원끼리 단합대회를 갖기도 하고, 때로는 한 주간 임원 방학을 주기도 한다. 모든 사역을 멈추고 자유롭게 쉬도록 배려하는 것이다. 8월 중순이 조금 지나면 다시 기운을 차리기 시작한다.

이때쯤 회복된 리더는 이미 상당한 역량을 발휘해 보았고, 탈진을 경험하였으며, 또다시 회복하였으므로 대개 연초와는 달리 상당한 사역 역량을 갖춘 사역 리더로 변신한다.

사역기(9-11월)

임원들이 역량을 발휘하는 시기이다. 이때 교역자는 게을러지는 시기이다. 게을러지기 싫어도 일부러라도 게을러져야 한다. 임원들의 성장을 배려해서이다. 이 시기에 교역자는 임원들 각자의 독자적 사역 역량을 신뢰하고 맡긴다. 교역자가 일일이 점검하기보다는 임원들 스스로 점검하게 한다. 교역자는 주로 방향을 알려 준다. 이때쯤 되면 임원은 사역자적 식견과 통찰력을 상당히 갖추고 교역자와 밀접하게 연관을 갖고 능숙하게 사역을 처리한다. 이 기간에 임원들은 단순히 청년이 아니라, 괜찮은 사역자처럼 느껴질 때가 참 많다. 이때 청년사역자는 임원들을 적절한 때에 코칭하는 일을 한다.[1] 코칭은 단순히 조언을 해주는 것이 아니라, 임원들 스스로 동기부여를 하여 강력한 실행력을 갖추도록 돕는 특별한 대화의 기술을 말한다. 코칭을 익혀 두면 청년사역자에게 많은 도움이 된다. 11월 중순쯤이 되면, 교역자는 임원들에게 서서히 자신들의 사역을 정리하며 매뉴얼을 작성할 것을 요청한다.

정리기(12월)

12월이면 신임원이 선출되고 이제 기존 임원들은 신임원에게 인수인계를 한다. 1년간 사역의 경험이 농축된 매뉴얼과 실무적인 지도로 신임원들을 돕는다. 그러면서 자신들의 1년간 사역을 정리하는 기간을 갖는다. 이때쯤 임원은 유능한 사역자로 성숙해 있다.

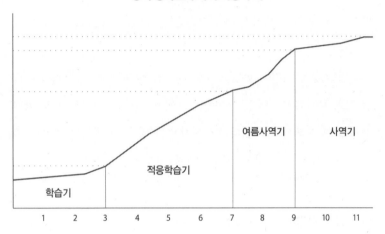

· 영적 성숙도와 사역 역량 주기

학습기　　적응학습기　　여름사역기　　사역기

1　2　3　4　5　6　7　8　9　10　11

임원 활동 종료 이후

임원 활동 기간이 끝나면 각자에게 새로운 돌발 상황이 일어난다. 어떤 경우는 임원의 절반 정도가 직장과 유학 등으로 청년공동체를 떠나는 일이 발생하기도 했다. 임원을 역임한 청년 중 떠나가는 사람은 어쩔 수 없지만, 남아 있는 이들은 어떤 사역의 형태로든지 배치할 공간을 마련하는 것이 중요하다. 임원의 사역 기간을 마치면 흔히들 일 년간 쉬고 싶다는 말을 한다. 그러나 이때 쉬면 자칫 영적으로 가라앉기 쉽다. 임원 활동을 하면서 경험했던 사역의 역동성과 그리스도의 몸인 교회를 섬기는 묘미를 경험할 기회를 더 이상 갖지 못하기 때문이다.

임원 기간에는 하나님께서 일을 할 수 있도록 은혜를 많이 부어 주신다. 어려운 여건 가운데서도 끝까지 감당할 수 있는 힘을 주신다. 기도도 전보다 신속하게 응답하신다. 중보기도에 능력을 주신다. 이는 하나님께서 사역하는 사람에게 부어 주시는 특권이다. 이런 은혜가 있기에 일 년간 주님과 흥미진진한 영적 모험을 계속할 수 있었던 것이다.

임원 활동 기간이 끝나고 모든 사역을 놓게 되면, 갑자기 몰려드는 영적 무력감에 한동안 영적 슬럼프에 빠질 수 있다. 그러므로 임원 사역을 놓게 되더라도 어떠한 모양으로든 청년공동체 공동체를 계속 섬길 수 있도록 격려하고 자리를 배려하는 것이 중요하다.

임원의 팀워크와 역동성

팀 분위기가 중요하다

청년공동체의 경우, 연말에 있는 임원 선출은 청년부, 대학부 각각 회장, 부회장만을 선출한다. 나머지 총무, 회계, 서기 등은 회장과 부회장이 함께 일할 사람을 섭외하도록 한다. 섭외하는 과정에서는 교역자와 계속해서 상의해 나가며 결정한다. 왜냐하면 임원단은 일 년을 교역자와 함께 일하는 팀이기 때문에 전체적인 팀워크를 고려해야 하기 때문이다. 이때 중요한 것이 총무 섭외이다. 총무가 어떠냐에 따라 임원단 전체 분위기가 달라질 수 있다. 임원들이 팀워크를 구성하는 데는 회장과 총무의 역학관계에 따라 몇 가지 유형이 있다.

회장과 총무의 역학관계 유형

▪ **약한 총무, 든든한 회장**: 총무가 약할 경우, 회장이 총무의 역할까지 대신하게 된다. 총무가 구체적으로 지시하는 것만 겨우 하든지 그것마저도 잘 해내지 못하는 경우, 업무 비중이 점차 회장에게 집중된다. 회장이 총무의 역할까지 은연중 대신하다 보면, 회장 독주 체제로 갈 수 있다. 임원 역할과 커뮤니케이션이 회장에게 집중될 경우, 총무가 소외감을 느끼고 자칫 회장의 의견이 전 임원의 의견으로 간주될 수 있다. 이럴 때는 임원들이 갖고 있는 다양한 목소리의 조화가 사라진다. 더 큰 위험은 회장이 힘들어 탈진할 경우이다. 회장에게 너무 많은 사역이 집중되다 보니 과중한 부담으로 쉽게 지칠 수 있는 것이다. 회장이 탈진하여 나가떨어질 경우 임원 전체는 큰 타격을 받는다. 그동안 모든 정보와 역할이 회장에게 집중되어 있었으므로 회장의 부재는 임원 업무의 마비를 초래하기도 한다.

▪ **든든한 총무, 약한 회장**: 총무가 강할 경우, 상대적으로 회장이 힘을 잃고 겉돌며 소외감을 느낀다. 회장이 무력감과 열등감에 빠져들기도 한다. 총무가 강할 경우, 임원의 전체 진행은 매끄럽게 될 수 있으나 회장이 힘들어하기 때문에 팀 전체 분위기가 어두울 수 있다.

▪ **약한 총무, 약한 회장**: 총무와 회장이 모두 약한 경우, 부회장, 회계, 서기가 팔을 걷어붙이고 나선다. 이때 회장과 총무는 자칫 무리한 자존심만 내세울 수 있다. 이것도 팀 전체의 역동성을 약화시킨다.

▪ **든든한 총무, 든든한 회장**: 가장 건강한 것은 회장과 총무가 모두 든든한 것이다. 회장은 전체 사역을 바라보며 구체적 실행을 총무와 협의하여 나아가야 한다. 총무는 강한 실천력을 갖고 있는 사람이

어야 한다. 강한 총무와 강한 회장일 경우, 주변의 임원들이 신뢰를 갖고 함께 힘을 실어 팀 역동성이 살아날 수 있다.

■ **팀 역동성에 따른 임원 충원**: 우리 청년공동체의 경우 임원은 청년부 다섯, 대학부 다섯이다. 양쪽 다 회장, 부회장, 총무, 서기, 회계가 있어 모두 열 명의 임원으로 구성된다. 만약 든든한 회장, 든든한 총무가 역할을 잘 감당하여 임원의 팀 역동성이 살아날 경우, 더 많은 일들을 감당할 수 있게 된다. 그렇지 못할 경우 주어진 일만 겨우 하게 된다.

팀 역동성이 적절하게 살아나 더 많은 일을 감당할 필요를 느끼게 되어 총무 한 명, 서기 한 명을 더 충원한 적도 있다. 임원이 전체적으로 조화를 이루며 서로 협력하여 좋은 팀워크를 이루면, 하계선교활동 같은 큰 프로그램을 마치고도 크게 탈진하지 않는다.

임원들이 기본적으로 갖추어야 할 자질

임원으로 함께 일하게 되었을 경우, 임원들이 반드시 갖추어야 할 자질들이 있다. 이 부분은 연초에 임원회의에서 교육한다.

소명 의식

임원 각자는 적어도 1년 동안 교역자와 함께 팀을 이루어 하나님 나라의 한 영역인 청년공동체를 세우며 섬기도록 하나님께 부름을 받았다. 사람이 임원을 세운 것이 아니다. 하나님께서 사람의 손을 통하여 세우셨다. 그러므로 하나님께서 불러 주심을 확신하고 감사해야 한다. 임원 활동을 하다 보면 힘든 고비가 있다. 힘들 때마다 하나님께서 나를 부르셨음을 다시 한 번 생각해야 한다. 또한 임원은 이러한 부르심에 대한 강한 확신 아래 서로 팀워크를 이루어 가야 한다. 서로를 신뢰하고 믿어 주어야 한다.

긍정적인 언어와 행동

임원은 매사에 긍정적이어야 한다. 항상 되는 방향으로 생각하고, 과거의 경험에 비추어 안 된다고 생각하는 사고방식을 버려야 한다. 전통적으로 이렇게 해왔기 때문에 이렇게 해야 한다는 생각도 버려야 한다. 우리는 항상 과거에 익숙하고 변화를 싫어한다. 그러나 하나님께서 때마다 부어 주시는 은혜를 담기 위해서는 변화를 수용할 줄 알아야 한다. 하나님께서 인도하시는 가운데 언제든지 새로운 틀로 바꿀 수 있는 유연성이 있어야 한다.

특히 임원들은 입이 무거워야 한다. 임원회의 때 논의했던 내용에 대해서는 그 내용이 어떠하든 일체 외부에 새어 나가지 않도록 조심하여야 한다. 자칫 여기서 말이 새어 나갔다가는 엉뚱한 소문과 험담이 돌 수 있다. 그러므로 일절 함구하라. 말 한마디가 사람을 살리기도 하고 죽이기도 한다. 당사자로부터 직접 듣지 않는 말은 쉽게 오해를 살 수 있다.

메모와 점검

임원은 기본적으로 항상 메모를 습관화해야 한다. 임원 전용 메모장을 각자 하나씩 지니고 다니게 한다. 일일, 주간, 월간, 연간 계획표를 보고 항상 점검하고 기록하고, 메모한 것을 항상 확인하게 한다. 임원회의 때 논의하고 실행하기로 한 것을 메모하지 않으면 항상 잊어버린다. 설사 메모했다 하더라도 메모를 자주 점검하지 않으면 실수가 잦다. 머리로 이해하였더라도 메모한 것을 일일이 점검하지 않으면 놓치기 마련이다. 그러므로 항상 메모하고 메모한 것을 점검하게 한다.

모든 자료의 매뉴얼화

임원들은 일 년간 사역했던 모든 자료를 체계적으로 정리하여 매뉴얼로 만들어야 한다. 그리하여 다음 해 임원들이 이전 임원들의 경험을 전수받아 똑같은 시행착오를 거치지 않도록 한다. 보통 한 해가 끝날 때 그 해의 임원들은 그동안의 모든 자료를 모아 《WEEP 2000》, 등의 제목으로 매뉴얼 자료집을 열 부씩 만든다. 이 자료집들은 연말에 있는 신·구임원 수련회에서 새해 계획을 세울 때 유용한 자료로 사용된다. 그뿐만 아니라 신임원이 일 년간 임원 사역을 감당하며 필요할 때마다 늘 참조할 수 있는 소중한 자료집이 된다. 청년공동체의 활동이 자료로 남지 않으면 다음 해 임원들은 아무 도움도 못 받고 그야말로 맨땅에 헤딩할 수 있다. 기록하고 남겨 놓으라. 이것만이 남는다. 따라서 임원들은 활동하고 기획하고 평가했던 모든 내용을 문서화하고 파일로 저장하여 자료로 남겨 놓아야 한다. 그때그때 활용하고 버리는 것은 낭비이다. 소중하게 잘 보관하여 해마다 이전의 자료들을 잘 활용할 수 있게 한다.

오늘 해야 할 일은 즉시 시행한다, 결코 내일로 미루지 않는다

임원회의를 마치고 나면 곧바로 행동에 옮겨야 할 일이 있다. 예배와 관련해서 바로 처리해야 할 일은 처리하고, 다음 주에 필요한 것을 미리 준비한다. 이때 맡은 일을 뒤로 미루지 않도록 한다. 청년들의 고질적인 습관 중 하나가 미루는 버릇이다. 무엇을 하기로 결정하면 "예, 차차 하겠습니다", "이따가 하겠습니다", "지금 하지 않아도 괜찮습니다", "아직 여유 있습니다", "내일 하겠습니다" 하는 식으로 실행하기를 미룬다. 이때 미루면 자칫 잊어버리고 한 주가 그냥 지나간다. 임원회의 때 하기로 결정한 일들은 임원회의를 마치자마자 최우선순위를 두고 그 자리에서 바로 실행하여 완료하도록 한다. 지금 당장 실행하지 않으면 또 한 주가 미뤄진다. 임원에게 요청되는 가장 중요한 자질 중의 하나는 앞에 놓인 설계도면을 얼마나 신속하고 정확하게 현실화할 수 있느냐 하는 실행력의 문제이다.

정리정돈

항상 뒷자리가 중요하다. 뒷자리가 깨끗해야 한다. 장소 사용의 경우, 반드시 뒷마무리를 책임지고 깨끗이 한다. 문단속과 쓰레기 치우는 것은 지속적으로 강조하고 교육하지 않으면 실행하지 않는다. 별것 아닌 것 같지만 정리정돈이 미흡하면 교회 전체에 청년들에 대한 부정적인 이미지를 남길 수 있다. 간식을 먹다가 많이 남긴 것을 모두 쓰레기통에 버려 상한 채로 방치해 보라. 어른들이 볼 때, 청년들이 돈을 함부로 쓰고 아까운 줄 모른다고 생각한다. 뒷정리가 부실하면 낭비하는 청년으로 각인되기 쉽다. 항상 뒷자리가 깨끗하도록

강조한다. 청년공동체 임원들에게 청소는 기본 필수 과목이다. 청소
와 뒷정리가 늘 몸에 배도록 해야 한다.

임원 활동에 도움이 되는 책 읽기

임원에게 실행력이 중요한데 이를 위해 그 실행력을 뒷받침하고
체계화할 수 있는 이론이 있어야 한다. 이러한 이론을 세우는 데 도움
이 되는 좋은 책들을 읽게 한다. 지도력(Leadeship)은 독서력(Reader-
ship)에서 나온다.

실제로 임원회의 때 함께 읽고 나눈 책들 그리고 추천한 책들은
다음과 같은 것들이 있다.

《메모의 기술》 사카토 켄지 지음, 고은진 옮김, 해바라기, 2003

《단순하게 살아라》 베르너 티키 퀴스텐마허·로타르 J. 자이베르트 지음, 유혜자
옮김, 김영사, 2002

《성공하는 기업들의 8가지 습관》 짐 콜린스·제리 포라스 지음, 워튼 포럼
옮김, 김영사, 2000 개정

《좋은 기업을 넘어… 위대한 기업으로》 짐 콜린스 지음, 이무열 옮김, 김영사,
2002

《스타벅스 감성 마케팅》 김영한·임희정 지음, 넥서스, 2003

《기브앤테이크》 애덤 그랜트 지음, 윤태준 옮김, 생각연구소, 2013

《90년생이 온다》 임홍택 지음, 웨일북, 2018

《아주 작은 습관의 힘》 제임스 클리어 지음, 이한이 옮김, 비즈니스북스, 2019

《청년 리더 사역 핵심파일》 양형주 지음, 홍성사, 2019 개정

《청년사역》 양형주 지음. 두란노, 2019

이성교제

임원으로 활동하다 보면 자연히 많은 사람 앞에 서게 되고, 많은 사람과 접촉할 기회가 생긴다. 간혹 마음에 드는 이성이 생기더라도 임원 생활이 끝난 후에 본격적으로 사귀라고 권면한다. 중간에 사귀다 보면 공동체 전체를 섬기는 데 지장을 초래할 수 있다. 1년간의 임원에 대한 부르심을 이성교제보다 우위에 둘 때, 하나님께서 정말 예비하셨다면 반드시 다시 만나게 하시지 않겠는가!

청년공동체 공동체에서 이성교제 자체를 금기시하는 것은 아니다. 특별히 청년부의 경우, 가능한 한 같은 공동체에서 함께 신앙생활하면서 만나도록 장려한다. 동일한 예배의 감격을 공유하며 같은 공동체에서 은혜를 나눈다는 것이 얼마나 소중한 경험인가! 실제로 사역 기간 동안 공동체 안에 여러 커플이 탄생했다.

그러나 임원에게 이성교제를 자제하라고 요청하는 것은 새로 생기는 이성관계로 인해 사역의 마음을 잃어버리고 공동체 내에 자칫 혼란을 일으킬 수도 있기 때문이다. 물론 이미 사귀는 상태에서 임원이 되는 경우도 있다. 이럴 때는 그 관계를 인정하고 장려하는 상태에서 임원사역을 감당하도록 한다. 단, 우선순위는 분명히 구분해야 할 것이다.

특별히 임원(행정리더)과 목양 리더들에게는 공동체에 들어온 지 얼마 되지 않는 지체와의 이성 교제를 자제하도록 권면한다. 새로 온 지체는 공동체에서 어느 정도 인정받고 검증되는 기간이 필요하다.

가끔 이성을 만나기 위해서 교회에 온 것 같은 청년들이 있다. 마음에 들면 스토커처럼 따라다니는 이들도 있다. 수수방관하고 있다가 나중에 걷잡을 수 없는 충격적인 결과와 파장이 공동체에 일어나기도 한다. 따라서 이를 사전에 예방할 수 있도록 청년들에게 분별력을 갖도록 요청하는 것이 필요하다. 아무리 겉보기가 괜찮아 보여도, 그 청년이 어떤 사람인지 얼마나 신앙과 정서적으로 안정된 사람인지 알아보려면 6개월에서 1년은 겪어 보아야 한다. 그런데 정서적으로 불안한 이들일수록 교회에 새로 온 지 1-2개월 안에 이성에게 접근해서 교제를 시작하려 한다. 그렇기 때문에 인내와 검증의 기간이 지나고 나서 교제를 시작할 것을 가르쳐야 한다.

임원회를 어떻게 이끌어 갈 것인가?

교역자가 임원회를 어떻게 이끌어 갈 것인가는 매우 중요하다. 임원의 역할이 행정적인 분야이다 보니 자칫 업무적으로 경직될 수 있는 여지가 많다. 교역자와 임원회의 관계는 커뮤니케이션 스타일에 따라 몇 가지 유형으로 나눌 수 있다. 이 유형에 따라 임원들의 영적 성숙도와 사역 역량에 차이가 난다.

일방적 커뮤니케이션 관계

상사와 부하직원의 관계처럼, 자칫하면 지시하고 보고를 받는 일방적인 관계가 될 수 있다. 이러한 관계는 대부분 강력한 카리스마적 리더십을 가지고 있는 교역자의 경우에 형성된다. 이 경우, 임원들과 교역자와의 관계에서 진정한 양방향 커뮤니케이션이 일어나기 힘들다. 임원회의도 그다지 길지 않다. 교역자는 전체적인 행동 사항을 알려 주고 실행하도록 지침을 하달하고 임원들은 진행되는 사항을 보고하고 점검하는 역할만 할 뿐이다. 이러한 관계에서 전체적으로 일사불란하게 나아갈 수는 있다. 그러나 자칫 교역자의 강력한 리더십이 임원들과 팀워크를 맞추어 나가는 데 무리가 될 수 있다. 이러한 관계에서는 청년들이 자유와 창의력을 제대로 발산하여 사역에 반영할 수 없다. 불만이 있어도 제대로 해소되지 않는다. 커뮤니케이션을 하려해도 너무 일방적인 리더십이기 때문에 조직 전체가 경직될 수 있다.

자유 방임형 관계

이 경우에 교역자는 보통 청년 전담교역자가 아닌 경우가 많다. 청년부 외에 교구나 다른 일들을 겸하고 있을 때 이러한 관계가 형성되기 쉽다. 교역자가 너무 바쁘다 보니 임원들이 나름대로 알아서 이끌어 가도록 방임해 둔다. 예배 때를 제외하고 교역자를 만날 시간이 별로 없다. 충분한 대화를 나눌 시간이 없다. 전반적인 사항을 청년들이 알아서 하기 때문에, 교역자가 추구하는 전체적인 목회 방향과 다르게 나아가기 쉽다. 교역자와 청년들이 하나 되는 팀워크를 이루어 나가기가 쉽지 않다.

양방향 커뮤니케이션 관계

교역자와 임원들 사이에는 상호 커뮤니케이션이 원활하게 이루어져야 한다. 교역자는 청년사역에 대한 전체적인 그림을 그려 주고,

임원들의 반응(feedback)을 들어야 한다. 그리고 교역자는 임원들의 의견을 가능한 한 수용해야 한다. 수용한다는 것은 상대를 인정한다는 의미이기도 하다. 의견이 수용될 때 임원들은 기뻐한다. 더 나아가 청년들의 창의적인 의견을 수렴함으로써 교역자가 미처 생각지 못했던 부분을 보완하여 청년사역에 대한 좀 더 완성된 그림을 그릴 수 있다.

우리가 추구했던 커뮤니케이션의 특징

임원회의의 경우, 보통 한두 시간 이상 충분히 소통했다. 양방향 커뮤니케이션을 추구하기 위해서는 충분한 시간이 필요하기 때문이다. 우리가 추구했던 양방향 커뮤니케이션의 특징은 다음과 같은 몇 가지로 말할 수 있을 것이다.

토론을 이끌어 내라

임원회의에서 교역자는 너무 일방적으로 말하는 것을 피해야 한다. 교역자는 하나의 의견을 제시하고 이에 대해 임원들이 적극적인 토론을 하도록 분위기를 만든다. 우리나라 사람들은 토론 문화에 익숙하지 않다. 임원들에게 자꾸 이야기해 보라고 하면 처음에는 불편하게 생각한다. 그저 하라는 것에 '예' 하고 순종하는 것을 더 마음 편하게 생각한다.

청년들이 임원 활동 초기에는 서로 의견을 교환하고 토론하는 것을 어색해했다. 말해 보라고 하면 꿀 먹은 벙어리가 된다. 그러나 시간이 흐르면서 한 사람의 의견도 중요하다는 것을 배워 간다. 임원회의 토론이 전체 발전에 기여한다는 것을 알게 되면서 적극적인 토론 분위기가 형성된다.

토론은 사고와 창의력을 자극하고 적극적인 행동을 낳는다. 토론을 통해 복잡한 사안들을 해결하고 더욱 건설적인 대안을 찾을 수 있다. 교역자는 진리에 관한 한 타협해서는 안 되겠지만, 행정적인 부분은 얼마든지 청년들과의 토론을 통해 창의적인 아이디어를 수용할 수 있어야 한다.

이유에 대해 생각하도록 질문한다

임원회를 진행하면서 왜(why)라는 질문을 많이 던졌다. 때로는 너무나 많이 '이유'를 물어 임원들이 당황하기도 했다. 그러나 이러한 질문을 통해 임원들의 사역에 대한 타당성과 합리적 근거를 찾는다. 질문을 통해 많은 성장이 있었다. 이러한 질문은 임원의 활동 주기 가운데 독자적인 자율성을 갖고 활동하는 여름 사역기(7–8월)와 사역기 (9–11월)에 큰 도움을 준다.

신앙과 삶 전반에 대한 이야기까지 나눈다

돌이켜 볼 때, 임원회의는 단순한 행정을 위한 회의가 아니었다. 서로의 삶을 나누고, 청년사역자의 마음을 나누는 시간이었다. 함께 햄버거를 먹고, 지체들의 애경사를 찾아다니고, 때로는 청년 리더로서 알아야 할 것들을 나누고, 교회를 위한 마음을 나누었다. 시대적 흐름에 대한 통찰력을 나누기도 하였다. 이러한 나눔은 단순한 임원

사역 이상의 것이었다. 한 사람 한 사람이 청년 리더로서 준비되기 위한 토양이었다고 생각한다. 이렇게 하다 보면 임원회의는 두세 시간은 족히 지나간다. 이것이 예수님께서 제자들을 양육하셨을 때 하셨던 방법과 어느 정도 유사한 부분이 있지 않았나 생각한다. 임원 생활을 하면서 실제로 임원들은 성장하고 변화한다. 이런 임원들의 모습을 보며 임원 직분에 대한 청년들의 인식이 많이 달라졌다. 전에는 임원 직분을 힘들고 고된 것으로 여겨 웬만하면 피하고 싶어 했는데, 이제는 임원이 되기를 사모한다.

청년사역자와 담임목회자와의 관계

어느 교회이든지 청년사역자와 담임목회자와의 관계는 매우 중요하다. 담임목사의 목회철학이 청년사역을 담을 수 있으면 청년사역은 성장한다. 그러나 청년을 단지 교회에 필요한 일꾼 정도로만 생각한다면 청년부의 성장은 어려울 것이다. 결국 청년사역도 담임목사의 목회적 역량 안에 포함되어 있는 것이다.

여러 영역이 있겠으나 여기서 몇 가지만 제시하면 다음과 같다. 첫째, 청년사역의 독립성을 인정해 주어야 한다. 청년들이 하는 일을 신뢰하지 못하고 반대하면서 자꾸 간섭하기 시작하면 청년사역의 의지는 꺾이게 된다. 담임목회자가 청년들을 조금만 인정해 주어도 청년들은 무척 큰 격려를 받는다. 둘째, 청년사역자가 지속적으로 설교하도록 맡겨 주어야 한다. 청년사역자가 있지만 설교는 담임목사가 도맡아 하는 경우가 이따금씩 있다. 이 부분에 대해서는 장점도 있고, 단점도 있을 것이다. 그러나 청년사역자가 직접 청년에게 설교한다는 것은 청년공동체 전체의 방향을 이끌어 가는 데 커다란 동력이 된다. 또한 청년사역자의 권위가 선다. 청년사역자가 단지 소그룹과 조직을 관리하는 경우 청년들을 향한 권위가 제대로 나오지 않는다. 청년사역자는 단지 조직 관리자가 아니다. 청년사역자의 본질적 권위는 청년을 향한 열정적인 말씀선포에서 나온다. 헬라어로 권위를 엑수시아(exousia)라고 한다. 이것은 엑스(ex, ~으로부터 from)와 우시아(ousia, 본질 essence)가 결합된 단어이다. 무슨 말인가? 권위란 본질적인 부분에서 나오는 것이다. 청년사역자의 권위는 무엇보다 청년들을 향한 말씀 선포에서 나온다.

한 사람의 청년사역자로서 좋은 담임목회자를 만나는 것은 커다란 복이다. 내가 섬기던 청년공동체의 경우, 담임목사가 청년사역자에게 설교권을 온전히 보장해 주었다. 무슨 사역을 하든지 반대하지 않고 적극적으로 후원하고 격려하였다. 그뿐만 아니라 청년사역의 독립성을 인정하는 상징으로 재정의 독립을 보장해 주었다. 청년사역자로 하여금 마음껏 활동할 수 있도록 배려한 것이다. 현실적으로 이러한 지원은 청년공동체 사역에 큰 힘이 되었다. 한편 이러한 배려는 파격적이지만 그만큼 책임이 따른다는 것을 인식해야 한다. 자칫 독립적인 재정을 규모 없게 사용하다가 어려움을 겪을 수도 있기 때문이다.

3.

흐름을 타야 한다:
강점은 강화하고 약점은 보완하라

일전에 서울의 한 중형 교회 청년사역자를 만나 대화한 적이 있다. 연초에 청년사역을 전담하여 이제 5개월 정도 되었다고 했다. 그의 고백을 정리하면 이렇다. '사역 초기였던 1-2월에는 청년들이 의기투합하는 모습이었다. 곧이어 3월에는 서서히 청년들이 늘기 시작해 4월 중순까지는 20여 명이 늘어났다. 분위기도 활기차 보였다. 사역이 상승세를 타면서 이제 청년사역이 부흥의 물결을 탄다고 생각하였다. 그런데 4월 말로 접어들자 인원이 다시 감소하여 원래의 자리로 돌아왔다. 순식간에 20여 명이 줄어들자 공동체의 전체 분위기도 왠지 좀 가라앉는 것 같았다. 그동안 했던 사역이 물거품이 되는 것 같아 힘이 빠졌다. 사역을 제대로 하고 있는가, 도대체 왜 이런가 하는 생각들로 머리가 복잡했다.'

청년사역을 처음 담당하는 사역자의 경우 이와 같은 상황을 한두 번쯤은 겪었을 것이다. 사역자는 이런 변화에 대해 마음의 준비가 되어 있지 않으면 자칫 당황할 수 있다. 가시적으로 보이는 인원이 줄어드니 스트레스를 받는다. 원인이 무엇인가 파악하려고 애를 쓴다. 여러 가지 원인이 있는 듯해도 무엇 하나 '이것이다'라고 할 만한 것은 없는 것 같다. 그렇다고 뾰족한 대안이 보이는 것도 아니다.

돌이켜 볼 때 청년사역에는 상승과 하강의 흐름이 있다. 먼저, 일 년 주기의 흐름이다. 일 년의 시간이 흐르면서 상승세를 탈 때가 있고 하강세를 탈 때가 있다. 둘째, 중장기적으로 변화를 주어야 하는 흐름이 있다. 적어도 1년 혹은 2년 간격으로 변화를 주어야 한다. 청년사역의 이러한 흐름을 파악하고 유연하게 대처할 수 있다면, 갑작스러운 변동이 있더라도 사역자는 그다지 흔들림 없이 일관성을 갖고 사역해 나갈 수 있을 것이다.

출석 인원의 연간 흐름

청년들의 출석 인원 연간 추이를 살펴보면 다음과 같다. (이 그래프는 연간 출석 인원의 유동 폭을 대략 평균적으로 표현한 것이다.)

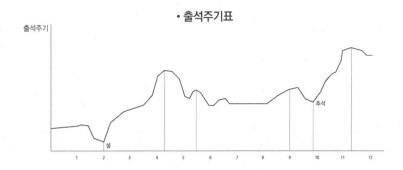

• 출석주기표

　3.흐름을 타야 한다: 강점은 강화하고 약점은 보완하라

한 해의 흐름을 살펴보기 전에 먼저 한 달의 흐름을 살펴보자. 한 달은 보통 4주 내지 5주로 되어 있다. 이 기간 청년들의 출석률을 살펴보면 평균적으로 둘째 주간 출석률이 제일 높다. 셋째 주와 넷째 주에는 인원이 감소한다. 그리고 매월 초면 다시 회복한다. 청년부에서 원인을 찾다가 다음의 사실을 발견했다. 직장인의 경우 월말에는 결산으로 바빠지고 야근하는 경우가 많으며 월초가 되면 다시 여유를 찾는다.

대학부의 경우, 학기 중에는 학생들이 많이 출석하는데 방학 때가 되면 집으로 가는 경우가 많다. 대학생이 전도가 많이 된 경우, 방학 기간에 출석률이 감소한다. 청년부의 경우에는 방학 기간에 그다지 타격을 받지 않는다. 그 대신 분기 말에 바쁘고, 연말이 되면 새롭게 직장을 찾아 이동이 많다. 이런 청년부와 대학부 나름대로의 특징에도 불구하고 공통된 흐름이 있었다. 그 흐름을 크게 몇 단계로 나누면 다음과 같다.

1-2월: 출발기

새해 들어 신앙에 대한 각오를 새롭게 한다. 예배의 참석과 청년 공동체 활동을 열심히 하려 한다. 출석률이 대체적으로 든든하게 유지된다. 직장을 찾아 교회가 위치한 도시 주변으로 새롭게 이주하는 청년들이 많은 시기이기도 하다. 명절인 설날에는 고향을 찾는 청년들이 많아 출석이 급격히 떨어진다.

3-4월 중순: 상승기

대학생의 경우 학교가 개강한다. 청년들도 신앙생활에 계속 박차를 가한다. 보통 이 기간에 전도가 가장 활발하다. 예배 출석률도 계속 상승한다.

4월 중순-5월 말: 하강기

4월 중순부터 각 대학에서 중간고사를 실시한다. 그리고 5월에 대학 축제와 엠티(MT)를 가는 경우가 빈번하게 발생한다. 청년들의 경우, 흐드러지게 피는 봄꽃에 취해 왠지 모르게 나른해지고 봄나들이를 가고 싶은 마음에 싱숭생숭하다. 자꾸만 밖으로 나가고 싶고, 이성에 대한 그리움을 느끼기도 한다. 이러한 요인들은 연초에 굳게 다짐하고 출발했던 신앙생활을 느슨하게 만든다. 이러한 분위기는 곧장 청년사역에도 영향을 준다. 출석률이 떨어지고, 리더들의 긴장도 풀어진다. 청년사역자는 이러한 분위기를 쇄신하기 위해 노력해야 한다. 청년사역자에게 5월은 잔인한(?) 달이기도 하다.

6-8월: 침체기

기말고사를 마치고 대학생들은 집으로 돌아간다. 청년들의 경우 무더운 날씨와 계속되는 장마로 힘든 시기이다. 7월 말-8월은 청년들의 휴가 기간이므로 청년공동체에서 가장 힘든 시기이기도 하다.

9-11월 중순: 상승기

무더운 여름이 지나고 가을이 왔다. 무엇인가 새로운 기분으로 출

　　3.흐름을 타야 한다: 강점은 강화하고 약점은 보완하라

발하고 싶은 때이다. 봄부터 가을까지 헤매던 청년들도 이 기간에 다시 정신을 차리고 돌아온다. 민속의 명절 추석에는 인원이 잠시 주춤하기는 하지만 전체적으로 상승하는 분위기다. 추수감사주일인 11월 첫 주에는 출석률이 높이 올라간다.

11월 중순-12월: 소폭 하강기

대학부의 경우 겨울방학이다. 청년부의 경우 연말결산 등으로 바쁘다. 다소 소강상태로 들어가지만 감소 폭이 그다지 크지는 않다.

흐름에 따른 기획

위와 같은 대략적인 흐름을 파악하고 있으면, 흐름을 타는 기획을 할 수 있다. 흐름을 타는 데는 두 가지 방식이 있다. 첫째는 강점을 더욱 강화하는 것이고, 둘째는 약점을 보완하는 방식이다. 강점을 강화할 경우, 강화된 강점으로 인하여 약점이 어느 정도 보완된다. 약점을 보완하는 방식을 택할 경우, 약점이 어느 정도 보완되지만 전체적으로 이렇다 할 성장이나 발전이 없다. 그렇다고 강점도 강화하고 약점도 보완한다고 이런저런 기획들을 남발하다 보면 임원들과 청년들이 지친다. 따라서 적당한 행사와 기획이 적절한 시기에 들어가도록 배려해야 한다. 청년공동체에서 흐름을 고려하고 계획했던 행사와 전체 운영은 다음과 같다.

1-2월 출발기: 신앙 다지기

새로운 각오로 신앙을 다지는 시기이다. 이 기간에는 임원들과 팀장들의 팀워크를 다지고 교육하는 것이 필요하다. 청년공동체의 경우, 자체 수련회와 외부 연합 캠프를 번갈아 가며 참석했다. 셀과 사역팀장들의 리더십을 다지는 것도 매우 중요한데 이를 위해서 해마다 1월 1일 오전부터 저녁까지 수양관 등에 가서 일일 리더수련회를 갖는다.

이 기간에 중요한 행사는 수련회다. 1월에는 청년부, 2월에는 대학부 수련회를 각각 갖는다. 청년부의 경우 연초에 수련회를 통해 신앙을 다지는 것이 좋다. 연초의 결심을 더욱 단단히 다지게 하고 하나님 앞에서 집중적으로 말씀 듣고 기도하는 시간을 갖는 것이 한해를 시작하는 데 큰 힘이 된다. 연초에 새롭게 조직된 셀에 적응하는 데도 큰 도움이 된다.

대학부의 경우 새로 올라오는 고3의 입시가 모두 끝나는 시기인 2월 중순 이후에 수련회를 갖는다. 내가 부임한 첫해에는 수련회가 2박 3일이었으나, 그 이듬해부터는 3박 4일 일정으로 진행했다. 3일과 4일은 단 하루 차이지만 그 효과에서는 커다란 차이를 만들어 낸다. 하나님을 만나는 깊이가 다르고, 기도하는 깊이가 다르다. 공동체 의식을 형성하는 정도도 차이가 크다. 이왕 수련회를 할 것이라면 2박 3일보다는 3박 4일을 추천한다. 영적으로 깊이 있게 하나님을 만나고, 은혜로 젖어드는 데 2박 3일은 부족하다.

3-4월 중순 상승기: 전도하기

전도가 활발해지는 시기이다. 3월 마지막 주간에 친구초청예배를 기획하여 실시하면 이러한 흐름이 더욱 고조된다. 청년공동체에서는 해마다 이때를 전후하여 찬양 집회 및 세미나를 가져 매우 좋은 반응을 얻고 있다. 이러한 행사는 문화적으로 취약한 지방 중소 도시에 찬양 문화를 보급하는 역할을 한다. 4월 초 혹은 5월 초에는 그동안 등록한 새가족과 함께 하루 일정으로 새가족 수련회를 실시하기도 한다.

4월 중순-5월 말 하강기: 행사 열기

힘든 시기이므로, 전체적으로 자극이 되고 힘을 모을 수 있는 계기를 주는 것이 좋다. 5월 중순 혹은 말경에 실시하는 팀별 찬양경연대회와 같은 행사가 그것이다. 경연대회에서 가장 중요한 것은 참여도이다. 그다음이 창의성이다. 팀별 찬양대회는 청년들 안에 숨어 있는 재능을 발견하고, 팀별 지체들을 총동원하여, 힘든 시기에 힘을 합할 수 있는 좋은 기회이다.

이 시기에 CCM 가수를 초청하여 찬양콘서트를 기획하는 것도 좋다. 전체적으로 신앙의 새로운 자극을 받을 수 있는 기회가 된다. 5월 가정의 달을 맞아, 부모초청예배를 기획하는 것도 좋다. 이때 신앙생활을 하는 부모님뿐 아니라, 믿지 않는 부모님도 초청하도록 한다. 많은 청년들이 부모의 신앙을 위해 기도하고 있다. 부모님을 모시고 함께 예배드리고, 자녀가 부모를 위해 또 부모가 자녀를 위해 축복하고 기도하는 시간을 갖는다. 자녀를 위해 축복한다는데 싫다고 마다할 부모님이 있겠는가? 부모의 손을 잡고 부모를 위해 간절히 눈물로 기도하는 자녀 앞에 싫다고 할 부모님이 있겠는가? 부모초청예배에서 이런 경험은 믿지 않는 부모님이라 하더라도 잊을 수 없는 소중한 기억을 갖게 한다.

6-8월 침체기: 기도회

여름철 하계선교활동을 위한 본격적인 준비 기간이다. 하선활을 마치고 8월 중순이나 하순쯤 수양관에서 1박 2일의 기도회를 하는 것도 하반기의 순조로운 출발을 위해 좋은 계기가 된다.

9-11월 중순 상승기: 예비리더학교

이듬해 조직을 위한 준비를 한다. 예비리더학교를 운영하여 차기 리더감을 발굴한다. 11월 감사주일을 전후하여 친구초청예배를 준비하는 것도 좋다.

11월 중순-12월 소폭 하강기:조직 개편

다음 연도 조직을 개편하고 임원단을 구성한다. 다음 해에 청년공동체에 들어올 고3들과 접촉한다. 셀 조직 개편 작업과 리더 임명 작업에 들어간다.

해마다 변하는 청년사역의 강조점

청년사역을 하면서 매해마다 새로운 변수들이 있었고, 새로운 강조짐들이 있었다. 늘 동일한 패턴으로만 공동체를 이끌 수는 없었다. 새로운 상황에 따른 하나님의 인도하심이 있었고, 이에 따라 공동체에 변화가 요구되었다. 청년공동체 사역을 돌아볼 때 바쁜 첫해, 조용한 이듬해, 그리고 다시 바쁜 한 해가 이어졌다.

처음 청년사역자로 부임했을 때는 새로운 활기를 불어넣는 작업이 필요하였다. 그래서 여러 가지 행사를 많이 기획하였다. 3주간 계속했던 친구초청예배, 성년의 날 행사, 부모초청예배, 어린이날 야유회, 팀별 찬양대회 등등 바쁜 한 해를 보냈다.

다음 해에는 행사를 그다지 많이 기획하지 않았다. 다시 여러 행사를 기획하려 했는데 리더들이 지쳐 있었다. 여러 행사로 전년도에 너무 바쁘게 보냈나 싶어 새해에는 행사보다는 말씀과 예배에 집중하였다. 청년사역의 초점도 예배와 셀 모임에 집중되었다. 그다지 큰 변화는 없었지만 공동체 전체가 내면적으로 다져지는 시기였다.

한 번은 청년예배 때 공동체에 관한 설교를 하였다. 설교를 통해 청년공동체의 공동체성이 다시 살아나야 함을 강조하였다. 공동체의 일원은 예배만 드리고 가는 것이 아니라 함께 삶을 공유하며 그리스도의 몸 된 교회를 이루어 가는 것임을 선포했다. 그리고 소그룹 참여를 강조했다. 말씀에 대한 반응이 곧장 일어났다. 그다음 주 예배 인원이 갑자기 30명 넘게 줄어들었다. 예배에 구경꾼 비슷하게 왔던 사람들이 사라진 것이다. 동시에 그동안 셀 모임 참석을 꺼렸던 지체들이 셀로 들어가는 일이 늘어났다. 이 인원이 회복되기까지 다시 4주 정도의 시간이 소요되었다. 다소 힘든 시기였으나 공동체성이 다져지고 회복되었다는 점에서 중요한 시기였다.

공동체성이 다져진 뒤에는 다시 여러 행사를 기획하였다. 행사 없이 예배와 셀만 집중하다 보니 함께 어울릴 수 있는 행사를 기다리는 눈치였다. 행사를 기획하고 실행하는 과정에서 많은 지체들이 기쁜 마음으로 동참하였다. 돌아볼 때 한 해는 여러 행사를, 다음 해는 예배와 셀 모임을 중심으로 이끌어 갔던 것이 청년사역에 적절한 균형을 가져다주었다고 생각한다.

우리의 구호

구호는 사람들을 흥분시킨다. 구호는 공동체가 반드시 붙잡아야 할 소중한 가치들을 마음에 간직하게 한다. 그리고 행동으로 움직이게 한다. 우리 청년공동체 리더모임에서는 항상 외치는 구호들이 있다. "예배 가운데 주의 영광을 보리라", "주의 말씀 위에 서리라", "메뚜기도 한철이다", "강한 성도로 서리라". 이 구호는 처음부터 만들어진 것이 아니라, 청년공동체의 사역 방향에 변화가 있을 때마다 추가된 구호들이다. 하나하나 살펴보면 그동안 청년사역의 강조점이 무엇이었는지 알 수 있다.

"예배 가운데 주의 영광을 보리라"

부임하면서 가장 소중하게 붙잡았던 가치가 예배였다. 부임 직후 성령께서 청년예배에 기름을 부어 주시면서 예배를 사모하는 지체들이 늘어났다. 이때 더 강력한 하나님의 임재를 사모하는 마음으로 외친 구호가 바로 "예배 가운데 주의 영광을 보리라!"였다. 청년들은 이 구호를 외치면서, 예배를 통해 하나님의 영광을 볼 것이라는 기대와 믿음을 표현한다.

"주의 말씀 위에 서리라"

청년사역에 셀 교재를 도입하고, 리더모임에 귀납적 성경연구를 강조하면서 외친 구호이다. 귀납적 성경공부 방법은 주로 겨울수련회 때 교육한다. 수련회 기간 동안 말씀을 붙들고 씨름하게 한다. 청년의 때에 어떻게 살아야 하겠는가? 오직 주의 말씀을 삶의 기반으로 삼아야 한다. "청년이 무엇으로 그의 행실을 깨끗하게 하리이까 주의 말씀만 지킬 따름이니이다"(시 119:9). 이러한 성경공부 방법을 통해 청년 공동체에 말씀을 깊이 묵상하고, 관찰하는 능력이 배양되고, 전체적으로 말씀에 진지한 태도로 임하는 지체들이 늘어났다.

"메뚜기도 한철이다"

청년들은 열정적이다. 그러나 청년의 열정은 환경에 따라 쉽게 변할 수 있다. 말씀 앞에 즉각 헌신하겠다고 한다. 그러나 실행하려면 한발 뒤로 물러나서 꾸물거린다. 주변 여건을 살핀다. 여러 가지 핑계거리가 생긴다. 그러나 청년의 때만큼 하나님을 사랑하고 훈련 받기에 좋을 때가 없다. 그토록 하고 싶어 하는 결혼을 막상 하고 나면 청년처럼 자유롭게 신앙생활을 못 한다. 아기를 가지면 키우느라고 정신없다. 은혜 받고 싶어도 삶의 여러 가지 요소들이 붙잡고 쉽게 놓아 주지 않는다. 청년들이 은혜 받을 때가 언제냐고 묻는다면 바로 '지금'이라고 대답하겠다. 가장 소중한 시기는 바로 청년의 때이다. 지금 헌신해야 한다. 지금 말씀 앞에 진지하게 씨름해야 한다. 메뚜기도 한철이다. 한철이 지나면 메뚜기는 더 이상 풀밭에서 뛰어놀고 싶어도 뛰어놀지 못한다. 청년의 때가 바로 한철이다. 이 구호는 젊음의 때에 하나님을 향해 헌신하기를 바라는 마음으로 만든 구호이다.

"강한 성도로 서리라"

전에 하계선교활동의 주제가 "강한 성도로 서리라"였다. 그동안 청년공동체 공동체는 하나님의 은혜로 계속해서 성장해 왔다. 나름대로 만족하고 위안할 수도 있을 것이다. 그러나 하나님께서 기도 가운데 공동체가 이제는 한 단계 더 성장해야 한다는 것을 깨닫게 해주셨다. 아직은 너무 약하다는 것이다. 세상 가운데 더욱 강한 성도로 서야 한다는 사역자로서의 부담감이 생겼다. 그래서 외쳤던 구호가 "강한 성도로 서리라"였다.

에필로그

청년사역의 미래 전망과 준비

청년사역의 미래는 어떻게 될까? 2020년 코로나19사태로 촉발된 언택트 시대로의 진입과 함께 청년사역의 미래를 예상케 하는 충격적인 현실이 다가왔다. 그것은 우리나라 신생아 출산이 20만 명대로 감소하는 시대로 진입한 것이다.[1] 현재 청년들이 태어났을 20년 전에는 신생아 수가 그래도 연 40만 이상은 되었다. 안 그래도 청년인구가 줄고 있는데, 앞으로 20년 후에는 현재 청년인구의 절반이 사라질 전망이다. 1970년대 100만 명에 육박하던 신생아가 30만 명대로, 그 시절에 비하면 5분의 1로 준 것이다. 2019년에는 이미 사망자가 출생아보다 많아지는 데드크로스가 시작되었다. 우리나라가 실질적으로 인구 감소 국가로 접어든 것이다. 게다가 결혼도 줄고 있다. 코로나19의 영향도 있겠지만 2020년 4월 혼인 건수는 지난해 4월에 비해 21.8퍼센트나 줄었다.[2]

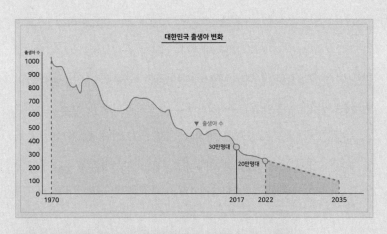

대한민국 출생아 변화

출생아 수

▼ 출생아 수

30만명대

20만명대

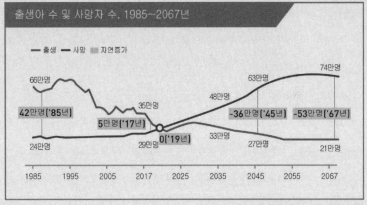

출생아 수 및 사망자 수, 1985~2067년

—— 출생   —— 사망   ■ 자연증가

74만명

66만명

63만명

48만명

35만명

42만명['85년]

5만명['17년]

-36만명['45년]   -53만명['67년]

0['19년]

24만명   29만명   33만명   27만명   21만명

'2017~2067년 장래인구특별추계' (통계청)

청년이 줄어들고 결혼을 기피하는 인구구조는 이웃나라 일본의 패턴을 급격히 닮아 가고 있다. 일본의 경우, '단카이' 세대라 불리는 제2차 세계대전 이후 태어난 베이비부머 세대(1947-1949년생) 은퇴 이후, 이들이 차지하던 양질의 일자리가 젊은 세대에게 흘러가지 못했다. 젊은이들은 사회 진출의 기회가 단절되면서 희망을 잃기 시작하였고, 실업과 좌절로 무기력해진 청년들이 늘어나기 시작했다. 이

들을 가리켜 '사토리' 세대, 우리말로 '득도세대'라 부른다. 모든 것을 달관하고 관심을 보이지 않는 세대라는 뜻이다. 결혼에 관심이 없고, 번듯한 일자리 없이 아르바이트를 하며 최소한의 것으로만 생계를 이어가는 세대를 일컫는다.

이러한 현상이 이미 우리 사회에 나타나고 있다. 모든 것을 포기한 N포 세대의 출현이 바로 그것이다. 열심히 준비했지만 일자리를 얻기 어렵고, 기회를 갖기가 쉽지 않다. 우리나라의 베이비부머 세대 (1955-1963년생)가 앞으로 몇 년 안에 모두 은퇴하게 되면, 젊은이들이 이런 일자리를 차지할 가능성은 그리 크지 않다. 돈을 벌었던 베이비부머 세대가 은퇴하면서 경제가 위축되고, 이로 인해 기업마다 구조조정과 인력감축이 이어지고, 그렇게 되면 이전 세대가 가졌던 일자리는 많이 줄어드는 현실이 찾아온다. 물론 이런 가운데 깨어 있는 일부 교회는 이런 청년들의 아픔을 공감하며 이런 청년에게 일자리를 알선해 주기도 하고, 좋은 기술을 배울 수 있도록 연결해 주기도 한다. 또 머물 수 있는 쉼터와 월세를 일부 지원하기도 한다. 하지만 이런 현상이 앞으로 10-20년 후 만연해지고, 많은 청년들이 일본의 사토리 세대처럼 힘들어하고 집단적인 우울함과 무기력함에 빠지면 어떻게 될까?

첫째, 이때 청년사역은 상당 부분이 구제사역이 될 가능성이 크다. 앞으로 청년사역의 상당 부분은 좁은 쪽방에서 하루하루를 힘들게 버티는 청년들에게 용기와 소망을 주고 어떻게든 생을 지속하며 하나님을 신뢰하며 나아가도록 돕는 사역이 될 가능성이 크다. 청년들에게는 패기 있게 하나님 나라를 위해 달려가는 비전이 더 이상 자신의 이야기가 아닌 남의 이야기처럼 들릴 가능성이 크다. 앞으로 청년사역자는 청년들의 아픔을 알아주고 이들의 속이야기를 잘 들어 주는 공감능력이 더욱더 요구된다.

둘째, 이런 면에서 청년사역자의 메시지 방향이 재조정될 필요가 있다. 고지론으로 청년들의 마음에 불을 지피는 시대는 이제 지나가고 있다. 그럴수록 청년들은 교회의 메시지와 자신이 처한 삶의 자리에 괴리를 크게 느끼게 된다. 말씀이 현실성 없는 허구처럼 느껴지게 해서는 안 된다. '무엇이 되라'는 설교보다, 공감, 위로, 관계를 다루며 성경이 말하는 삶으로 부드럽게 초대하며 '이렇게 살아보면 어때'하며 격려하는 설교가 필요하다.

셋째, 이제 이성교제나 결혼학교, 데이트 학교의 인기는 시들해질 것이다. 최근 학복협이 지앤컴 리서치와 함께 실시한 설문조사에 따르면 청년들의 고민거리에 대한 질문 중 이성문제는 진로/취업, 경제적 문제, 친구관계, 건강에 이어 5위를 차지했다.[33] 앞으로는 미래와 자기 존재 이유에 대한 고민이 더욱 커질 것이다. 청년사역자에게는 좀 더 심오한 신앙적, 실존적, 철학적 주제에 대한 합리적 답변의 역량이 더욱더 요구될 것이다. 청년 사역자는 삶의 고난에 대한 문제, 구조적 악의 문제에 대한 타당한 답변을 많이 준비해야 한다. 다른 한편 이런 문제에 대한 답을 제시할 수 있을 때, 여기서 전도의 기회가 생겨날 것이다.

넷째, 이와 함께 대면접촉을 꺼리고 비대면을 선호하는 청년들이 더욱 늘어날 것이다. 이런 청년들을 위한 다양한 언택트 사역과 이들을 위한 킬러 콘텐츠 개발이 필요하다. 그리고 이러한 콘텐츠는 탄탄한 기독교 세계관을 바탕으로 제작되어야 한다. 4차 산업혁명과 AI의 일상화, 언택트가 뉴노멀이 되어 사회의 질서와 가치관이 새롭게 재편되는 시대에 기독교 세계관에 기초한 건강하고 아름다운 삶의 여러 모습을 보여 줄 수 있는 콘텐츠가 필요하다.

다섯째, 이러한 청년세대들은 갈수록 대인 관계기술이 서툴러 힘들 것이다. 이런 상황에서 이들의 만남은 즉흥적이고 파편적이기 쉽다. 이런 이들에게는 짧은 시간에 한마디의 인사이트나 칭찬의 코멘트를 할 수 있는 능력이 더욱 요구된다. 이와 함께 대면이 아니더라도 온라인을 통해 이들을 공감할 수 있는 온라인 공감력이 더욱 요구된다. 온라인으로도 이들과 쉽게 라포르(rapport)를 형성하고 신뢰를 얻을 수 있도록 준비하고 훈련해야 한다. 앞으로 긴 상담보다는 짧은 상담, 긴 코칭보다는 짧은 코칭, 긴 설명보다는 핵심을 찌르는 코멘트력이 더욱 요구될 것이다.

여섯째, 앞으로 청년사역의 비혼 연령은 크게 늘어날 듯하다. 어려워지는 청년시대에 결혼을 하지 않고 비혼주의자로 평생을 사는 이들이 늘어날 가능성이 크다. 지금까지는 청년세대가 나이가 많으면 3040까지 갔다. 그러나 앞으로 청년사역의 연령 범위는 60대까지를 포괄할 것이다. 청년부 내에 50대 청년, 60대 청년도 흔하게 나타날 것이다. 이들 중 상당수는 다양한 이유로 스스로 결혼을 하지 않기로 선택한 이들이다. 이런 이들의 선택을 존중하며 함께 어울리고 믿음의 교제와 삶의 고민을 공감할 수 있는 연령대의 공동체를 조성하고, 어떤 식으로 사역을 이끌어 가야 할지에 대한 고민이 필요하다.

일곱째, 연합사역의 필요성이 늘어난다. 앞으로 규모 있는 청년공동체가 점점 사라질 것이다. 이렇게 될 때 작은 교회 청년공동체들이 서로 연합하여 공동체의 시너지를 내고 서로 간의 다양한 관심사에 따라 하나님 나라를 위하여 함께 연합할 수 있는 사역 기회가 필요하다. 청년공동체가 작아지면 믿음의 배우자를 만나기도 어려워진다. 이제는 연합하여 이성교제와 좋은 양육과 실천의 장을 마련할 필요가 늘어난다.

여덟째, 해외 디아스포라 한인 공동체의 청년사역이 활성화될 가능성이 크다. 현재 우리나라의 경우, 대안학교에 대한 관심이 급증하며, 해마다 대안학교에 보내거나 홈스쿨링을 하는 가정이 늘고 있다. 특히 기독교 대안학교에 다니는 학생들 상당수는 신앙이 좋은 가정의 자녀인 경우가 많다. 문제는 이들이 졸업하고 대학을 한국이 아닌 외국으로 나갈 가능성이 크다는 것이다. 앞으로는 해외의 좋은 대학에 다니는 대안학교 출신의 대학생들이 점점 많아질 것이다. 이는 곧 디아스포라 한인 교회에 청년부가 늘어날 가능성과 연계된다. 그것도 신앙으로 잘 양육받은 좋은 청년들이 갈 것이고, 이런 교회의 청년부는 다시 살아날 가능성이 크다. 국내 대학을 졸업한 청년이라 하더라도 우리나라에 일자리가 없어서 양질의 일자리를 찾아 국내를 떠날 가능성이 크다. 그렇지 않아도 청년인구가 줄어드는데 이러한 트렌드는 해외 한인 공동체의 청년사역을 활성화시키는 반면, 국내 청년사역을 위축시킬 가능성이 크다.

아홉째, 하지만 좀 더 먼 미래에는 전 세계가 온라인으로 연결되어 굳이 해외로 나가지 않아도 국내에서 온라인으로 대학교육을 마치는 시대가 도래할 가능성도 염두에 두어야 한다. 어쩌면 하루 종일 집

안에서 아무와 만나지 않고 온라인을 통해서 살아가는 이들이 점점 많아질 것이다. 먼 미래는 영화 〈레디 플레이어 원〉과 같이 가상현실과 증강현실, 그리고 아바타의 발전으로 오프라인 모임은 거의 사라질 가능성도 있다. 그러니 파편화된 관계 속에서도 어떻게든 연결될 수 있는 모델을 찾아 온라인이든 오프라인이든 그곳에서 관계를 조금씩 키워 가야 한다. 어떻게든 그리스도의 복음으로 초대할 수 있도록 신뢰와 라포르를 형성하라!

열째, 이러한 어려움으로 인하여 앞으로의 청년사역에는 더욱더 강력한 성령의 표적과 능력이 나타나야 한다. 생생한 하나님 능력에 대한 확신 없이는 청년들은 이 시대를 짓누르는 무거운 시대 풍조 가운데 질식할 가능성이 크다.

이상으로 살펴본 수축하는 대한민국의 현실과 암울한 미래 전망에도 불구하고 우리는 물러설 수 없다. 대한민국의 소망은 여전히 청년세대에 있기 때문이다. 어떻게든 이들을 부여잡고 울며 기도하며 하나님의 영광을 볼 수 있도록 나아가야 한다.

이럴 때일수록 기도의 능력을 회복해야 한다. 말씀을 더욱 단단히 붙들고 우리가 감당할 수 없는 사역의 현장에서 살아 역사하는 말씀의 능력을 경험하며 선포해야 한다. 거룩한 영향력을 회복해야 한다. 개인적으로 하나님께서 청년 공동체에 주신 말씀이 있다. 시편 126편 말씀이다.

여호와께서 시온의 포로를 돌려 보내실 때에 우리는 꿈꾸는 것 같았도다 그 때에 우리 입에는 웃음이 가득하고 우리 혀에는 찬양이 찼었도다 그

때에 뭇 나라 가운데에서 말하기를 여호와께서 그들을 위하여 큰 일을 행하셨다 하였도다

여호와께서 우리를 위하여 큰 일을 행하셨으니 우리는 기쁘도다

여호와여 우리의 포로를 남방 시내들 같이 돌려 보내소서

눈물을 흘리며 씨를 뿌리는 자는 기쁨으로 거두리로다

울며 씨를 뿌리러 나가는 자는 반드시 기쁨으로 그 곡식 단을 가지고 돌아오리로다

갈수록 위축되는 암울한 시대에, 각 교회마다 하나님 앞에 신실한 청년 예배자들이 일어나고, 예배를 통해 경험한 하나님의 거룩하심을 세상 가운데 온전히 드러내는 영적 파도가 전국을 휩쓸길 기도하며 기대한다. 이러한 영적 물결에 하나님을 경외하는 수많은 젊은 이들이 동참하여 함께 거룩한 신앙의 파도타기를 하는 날을 꿈꾸어 본다.

1. 위프(WEEP): 청년사역의 핵심가치

1. 짐 콜린스, 《좋은 기업을 넘어… 위대한 기업으로》(서울: 김영사, 2002), 141-143.
2. 잭 웰치, 《잭 웰치: 끝없는 도전과 용기》(서울: 청림출판, 2001), 160-207.
3. 리처드 코치, 《무조건 심플》(서울: 부키, 2018); 켄 시걸, 《미친 듯이 심플》(서울: 문학동네, 2014).
4. weep의 사전적 정의는 '눈물을 흘리며 애통해하다' '슬퍼하다'이다. 참조. 네이버 어학사전. dic.naver.com

2. 예배(Worship): 고구마줄기

1. 우리나라에서는 간혹 젊은 세대가 추구하는 열정적인 찬양예배를 열린 예배라고 부르는 경우가 있는데, 이는 열린예배의 원래의 의미와 다르다. 원래 '열린예배'는 불신자에게 민감하게 작용하도록 열려 있다는 의미이지, 전통적인 형식에서 벗어나 열정적으로 찬양하는 예배를 말하는 것은 아니다.
2. 김선일, "'떠오르는 교회운동' 떠오르다", 〈목회와신학〉 통권 181호(서울: 두란노, 2004), 192-195.
3. 이 결과는 그렉 L. 호킨스의 《발견—당신은 지금 어디에 있는가?》(서울: 국제제자훈련원, 2008)와 《나를 따르라》(서울: 국제제자훈련원, 2009)로 출간되었다.
4. 룻기 1장 1-6절의 도전적인 해설에 대해서는 다음의 책을 참조하라. 토미 테니, 《하나님, 당신을 갈망합니다》(서울: 두란노, 1998), 36-57.
5. 전통적 예배와 현대적 예배의 조화에 대해서는 휘튼 대학 신학부 교수로 예배학을 가르치는 로버트 웨버(Robert Webber)의 저작들에서 많은 도움을 받을 수 있다. 이와 관련된 저서는 다음과 같다. 로버트 웨버, 《예배가 보인다 감동을 누린다》(서울: 예영커뮤니케이션, 2004); @Planning BLENDED Worship: The Creative Mixture of Old and New@(Nashville: Abingdon Press, 1998); @Renew Your Worship: A Study in the Blending of Traditional and Contemporary Worship@(Massachusetts: Hendrickson Publishers, 1997).
6. 댄 킴볼, 《시대를 리드하는 교회: 새로운 세대를 위한 전통적 기독교》(서울: 이레서원, 2007).

7. 하선활 홍보송은 청년공동체에서 매해 여름마다 가는 하계선교활동을 위해 올챙이 송을 개사하여 부른 것이다. 이때 불렀던 가사는 다음과 같다. "청년공동체 청원군으로 하선활을 떠나요. 용곡교회 용~ 옥화교회 옥~후끈후끈 사랑 넘치네. 아이 좋아 너무 좋아 우리들의 하선활 용곡교회 용~ 옥화교회 옥~후끈후끈 사랑 넘치네."
8. 문희곤, 《예배는 콘서트가 아닙니다》(서울: 예수전도단, 2003).
9. 참고로 강해설교를 작성하는 방식과 신구약을 함께 구속사적으로 해석하여 적용하는 방식에 관해서는 필자의 다음 책을 참조하라. 양형주, 《평신도를 위한 쉬운 창세기 1, 2, 3》(서울: 브니엘, 2018); 《평신도를 위한 쉬운 로마서(개정증보판)》(서울: 브니엘, 2019).

3. 전도(Evangelism): 예배를 통한 전도

1. '대면전도'(Confrontational Evangelism)라는 용어는 풀러신학교 교회성장학 교수인 에디 깁스가 쓴 책 《NEXT CHURCH》에서 빌려 왔다. 이에 대한 자세한 논의는 다음을 참조하라. 에디 깁스, 《NEXT CHURCH》(서울: 교회성장연구소, 2003), 231-258.
2. 짐 피터슨, 《우리 세대를 위한 창의적 전도: 생활 속에서 자연스럽게 복음을 나누는 법》(서울: 네비게이토, 1994).
3. 이 부분에 대해서는 다음의 책을 참조하라. 존 파이퍼, 《열방을 향해 가라》(서울: 좋은 씨앗, 2003).
4. 샐리 모갠쌀러, 《이것이 예배다: 워십 에반젤리즘》(서울: 하늘사다리, 1998).

4. 양육(Education): 양육에 대한 고정관념을 버리라

1. 리처드 니스벳, 《생각의 지도》(서울: 김영사, 2004).
2. 위의 책, 36.
3. 이에 관한 자세한 논의는 리처드 니스벳의 책 《생각의 지도》, 159-183을 참조하라.
4. 이 부분에 대한 자세한 논의는 다음의 책을 참조하라. G. 빌리지키안, 《공동체》(서울: 두란노, 1998).
5. 하나님의 거룩하심에 대해서는 D. G. 피터슨, "거룩함", 《IVP 신학사전》(서울: IVP, 2003), 543-552; 월터 브루그만, 《구약신학》(서울: 기독교문서선교회, 2003), 308-312; 김중은, 《거룩한 길 다니리》(서울: 한국성서학연구소, 2001), 31-37, 263-279 등을 참조하라.
6. 장윤정, "유해사이트, 하루 1600개씩 증가…세계 563만 개 유해사이트 중 98.5%가 음란사이트", 〈전자신문〉 2012년 7월 31일.
7. 이서화 외, "1초에 260개씩 새 음란사이트…클릭만 하면 무방비로 노출", 〈경향신문〉 2012년 9월 3일.
8. 3040세대를 위한 새로운 공동체의 필요성에 대한 구체적인 논의는 다음을 참조하

라. 양형주, 《청년사역》 (서울: 두란노, 2019), 217-225.

9. 고직한, 《청년사역, 맨땅에 헤딩하지 말자!》(서울: 홍성사, 2003), 170.

10. 양형주, 《바이블 백신 1, 2》 (서울: 홍성사, 2019)를 활용하면 좋다.

5. 기도(Prayer): 냉정한 현실, 불붙는 기도

1. 월터 브루그만, 《구약신학》(서울: 기독교문서선교회, 2003), 613-643.

2. 피터 테일러 포사이스, 《바른 기도와 그 열매》(서울: 대한기독교서회, 1999), 21.

6. 안전(Safety): 언택트 시대, 안전한 공동체를 확보하라

1. 오늘날 청년사역에서의 안전문제가 갈수록 중요해지고 있다. 특히 교회 내 성희롱과 성폭력으로부터의 안전 확보가 매우 중요한 이슈로 부각되어 가고 있다. 하지만 이것은 청년사역 가운데 또 다른 전문 분야이므로 다 다룰 수 없어서 이 책에서의 안전은 주로 코로나19로 인한 비대면 시대의 안전한 공간의 확보를 의미함을 밝혀 둔다.

2. "코로나바이러스감염증-19", 위키백과, ko.wikipedia/wiki/코로나바이러스감염증-19.

3. 2020년 5월 29일 현재, 전 세계적으로 코로나19 확진자는 576만 명이고, 사망자만 35.8만 명에 육박했다. 미국 한 나라만 첫 사망자가 발생한 지 111일 만에 10만 명이 넘는 끔찍한 비극이 일어났다. 코로나19가 처음 중국에서 발견된 이후 불과 다섯 달 만에 전 세계는 커다란 충격에 싸였다.

4. 장지동, "유튜브, 앞으로 가장 큰 선교지 될 것", 〈기독일보〉 2020년 6월 25일.

5. 화상 회의 프로그램 중 공동체 상황과 사용자 편의성, 사용 시간을 고려해 가장 적합한 어플을 선택한다. 우리 교회에서 사용해 본 결과, 온라인 줌(zoom)이 가장 무난했다. 사진이나 영상 공유도 편리하고 인도자의 배경 화면을 지정할 수도 있으며, 화이트보드 기능이 있어서 필요할 경우 직접 필기를 하면서 진행할 수도 있다. 단 무료로 이용할 때는 시간이 40분으로 제한되어 있다. 40분 넘게 쉬지 않고 사용하려면 유료로 전환해야 한다. 그 외에도 시스코의 웹엑스, 구글 미트 등을 활용할 수 있다.

6. 화요일 오전 11시에 시작하면, 아프리카, 중동, 유럽 지역은 화요일 새벽 3-4시고, 미국, 캐나다 서부 지역은 월요일 저녁 7시, 동부 뉴욕은 저녁 10시다.

7. 이진우 외, "포스트 코로나...30가지 생존법칙", 〈매일경제〉 2020년 5월 5일.

8. 현재는 비공개로 올려놓은 도라방의 내용에 대해 궁금하면 다음을 참조하라. https://youtu.be/mBjm80hPvlk

9. 최종석, "아마존보다 월마트가 장사 더 잘했다...비결은 '온라인 주문 후 매장 픽업'", 〈위클리비즈〉, 2020년 5월 29일.

10. 한예경·윤선영, "니얼 퍼거슨, 美·中 모두와 가까운 한국…경제 앞세워 中 택하기 쉽지 않을 것", 〈매일경제〉 2020년 5월 25일.

1. 핵심가치를 실현하는 조직: 하우스 다이어그램과 WEEP

1. 고직한, 《청년사역, 맨땅에 헤딩하지 말자!》(서울: 홍성사, 2003), 14.

2. 임원의 팀워크를 살려라: 교역자와 임원단

1. 구체적인 크리스천 코칭 기술에 관해서는 다음의 책을 참조하라. 게리 콜린스, 《게리 콜린스의 코칭 바이블》(서울: IVP, 2011). 여기서 '코칭'은 구체적인 한 개인이나 그룹에 대한 지도 기술로서 이들을 현재 있는 지점에서 그들이 바라는 더 유능하고 만족스러운 지점까지 나아가도록 인도하는 기술이자 행위를 의미한다.

에필로그

1. 최우영, "반 년째 이어지는 인구 감소… 대한민국이 사라진다", 〈머니투데이〉 2020년 6월 24일.
2. 위의 글.
3. 지앤컴리서치, "코로나19로 인한 대학생의 의식과 생활변화 조사 보고서", 지앤컴리서치, 2020년 8월 22일, 29일.

키워드로 풀어가는 청년사역

Five Keywords for the Youth Ministry

지은이 양형주
펴낸곳 주식회사 홍성사
펴낸이 정애주
국효숙 김경석 김의연 김준표 박혜란 오민택
오형탁 임영주 주예경 차길환 허은

2005. 2. 11. 초판 1쇄 발행 2015. 2. 9. 초판 4쇄 발행
2020. 11. 6. 개정판 1쇄 인쇄 2020. 11. 13. 개정판 1쇄 발행

등록번호 제1-499호 1977. 8. 1.
주소 (04084) 서울시 마포구 양화진4길 3 전화 02) 333-5161 팩스 02) 333-5165
홈페이지 hongsungsa.com 이메일 hsbooks@hongsungsa.com 페이스북 facebook.com/hongsungsa
양화진책방 02) 333-5161

• 잘못된 책은 바꿔 드립니다. • 책값은 뒤표지에 있습니다.

ISBN 978-89-365-1462-4 (03230)